RÝŽE, KOŘENÍ A VŠE CHUTNÉ-BIBLE PAELLY

Objevte bohaté dědictví a rozmanité chutě španělských pokladů

ANEŽKA MARŠÍKOVÁ

autorská práva Materiál ©2023

Všechno Práva Rezervováno.

Ne část z tento rezervovat smět být použitý nebo přenášeno v žádný formulář nebo podle žádný prostředek bez a správné psaný souhlas z a vydavatel a autorská práva majitel, až na pro stručný citace použitý v A Posouzení. Tento rezervovat by měl ne být považováno A nahradit pro lékařský, právní, nebo jiný profesionální Rada.

OBSAH

OBSAH 3
ÚVOD 6
PAELLA RYBY A MOŘSKÉ PLODY **7**
   1. Krevetová kuskusová paella 8
   2. Paella mořského vlka 10
   3. Mořské plody Cheddar Paella 12
   4. Aljašská paella z mořských plodů 15
   5. Paella s krevetami a chorizo 17
   6. Krevetová a rýžová paella 19
   7. Mořský ďas a paella z mušlí 21
   8. Humří paella 24
   9. Směs mořských plodů a kuřecí paella 27
  10. Squid Ink Paella s mořskými plody 29
  11. Humří a hřebenatová paella 31
  12. Smíšené mořské plody a chorizo paella 33
  13. Paella ze škeblí a klobás 35
  14. Paella z lososa a chřestu 37
DRŮBEŽNÍ PAELLA **39**
  15. Kuřecí maso, krevety a chorizo paella 40
  16. Tlakový hrnec Kuřecí paella s mořskými plody 43
  17. Paella z kuřecího chřestu 45
  18. Kuřecí a kukuřičná paella 48
  19. Paella s grilovaným kuřecím masem, klobásou a krevetami ... 50
  20. Paella s kuřecím masem a černými fazolemi 53
  21. Kuřecí maso a italská klobása Paella 55
  22. Salát Paella s kuřecím masem a mořskými plody 58
  23. Paella s kuřecím masem a limskými fazolemi 61
  24. Paella s kuřecím masem a sušenými rajčaty 63
  25. Španělská paella s kuřecím masem a mušlemi 66
  26. Krůtí a zeleninová paella 69
  27. Kachní a houbová paella 71
  28. Cornish slepice a chorizo paella 73
  29. Krůtí a mořské plody Paella 75
HERNÍ MASO PAELLA **77**
  30. Paella ze zvěřiny a divokých hub 78
  31. Divoké prase a chorizo paella 80
  32. Bažantí a zeleninová paella 82
  33. Paella z losa a chřestu 84
  34. Bizon a zeleninová paella 86
  35. Divoká kachna a kaštanová paella 88
  36. Křepelčí a tykvová paella 90
  37. Divoká krůta a brusinková paella 92
  38. Bizon a kukuřičná paella 94

39. Králičí a třešňová paella	96
40. Křepelčí a houbová paella	98
41. Králičí a zeleninová paella	100
42. Kuře, králík a chorizo paella	102

TĚSTOVINY PAELLA 104

43. Paella Primavera	105
44. Těstovinová paella se škeblemi a pikantní klobásou	107
45. Španělská nudlová paella (Fideuà)	109
46. Těstoviny z měkkýšů ve stylu paella	111
47. Paella s kuřecím masem a chorizo těstovinami	113
48. Zeleninové a houbové těstoviny Paella	115
49. Krevety a chorizo Orzo Paella	117
50. Paella s kuřecím masem a zelenými fazolkami	119
51. Penne paella se špenátem a artyčokem	121
52. Zeleninová paella s Orzo	123
53. Klobása a houby Orzo Paella	125
54. Krevety a chřest Orzo Paella	127

MASO PAELLA 129

55. Paella se zelenými rajčaty a slaninou	130
56. Slanina a kimchi paella s kuřecím masem	132
57. Paella z hovězího masa a mořských plodů	135
58. Vepřová a chorizo paella	137
59. Jehněčí a zeleninová paella	139
60. Krůtí a mořské plody Paella	141
61. Paella z vepřového masa a mořských plodů	143
62. Hovězí a houbová paella	145
63. Paella z telecího masa a zeleného hrášku	147
64. Hovězí a brokolicová paella	149

VEGETARIÁNSKÁ PAELLA 151

65. Grilovaná vegetariánská paella	152
66. Uzená tofu paella	155
67. Houbová a zeleninová paella	157
68. Paella kukuřičná a pepřová	159
69. Paella z brokolice, cukety a chřestu	161
70. Artyčoková a fazolová paella	163
71. Paella z hub a artyčoku	165
72. Špenátová a cizrnová paella	167
73. Paella z chřestu a rajčat	169
74. Lilek a olivová paella	171
75. Paella z brokolice a sušených rajčat	173
76. Pórková a houbová paella	175
77. Oříšková dýně a paella z granátového jablka	177
78. Paella ze sladkých brambor a černých fazolí	179

REGIONÁLNÍ VARIACE 181

79. New Orleans Paella	182
80. Západní Indie Paella	185

81. Západoafrická Jollof Rice Paella 187
82. Paella alla Valenciana 189
83. Paella v mexickém stylu 191
84. Pobřežní španělská paella 193
85. Pacifická paella 195
86. Katalánská paella 197
87. Paella portugalského stylu 199
88. Jihozápadní Paella 202
89. Aragonská horská paella 205
90. Baskická paella z mořských plodů (Marmitako) 207
91. Arroz a Banda - z Alicante 209
92. Sefardská paella z mořských plodů (Arroz de Pesaj) 211
OVOCNÁ PAELLA **213**
93. Mango a kešu paella 214
94. Ananasová a kokosová paella 216
95. Pomerančová a mandlová paella 218
96. Jablečná a rozinková paella 220
97. Fíková a ořechová paella 222
98. Paella hrušková a gorgonzola 224
99. Malina a Brie Paella 226
100. Paella z kiwi a makadamových ořechů 228
ZÁVĚR **230**

ÚVOD

Vstupte do pulzujícího světa paelly, kde každé zrnko rýže vypráví příběh a každé koření přispívá k symfonii chutí, které tančí na patře. „Rýže, koření a vše chutné-bible paelly" není jen kuchařka; je to kulinářská cesta, která vás zve k prozkoumání bohatého dědictví a rozmanitých chutí oblíbeného španělského pokrmu. Paella, hluboce zakořeněná ve španělské tradici, je víc než jen jídlo – je to zážitek, který shromáždí lidi kolem společného stolu a podpoří oslavu života, lásky a naprostého potěšení z výjimečné kuchyně.

Když se vydáme na tuto kulinářskou výpravu, představte si sluncem políbenou krajinu Španělska, kde se vůně šafránu mísí s mořským vánkem a rytmické syčení pánví paella se ozývá na rušných trzích a rodinných setkáních. V knize „Rýže, koření a vše chutné-bible paelly" se ponoříme do srdce paelly, odhalíme její kulturní význam a odhalíme tajemství, která ji proměňují z pokrmu v kulturní ikonu.

Tato kuchařka slouží jako váš pas, abyste se stali maestrem paella, bez ohledu na vaše kulinářské znalosti. Ať už ovládáte ostřílený kuchařský nůž nebo děláte své první kroky do kuchyně, připojte se k nám a prozkoumejte historii, regionální variace, základní ingredience a techniky vaření, díky kterým je každá paella mistrovským kulinářským dílem. Zde nejen zdokonalíte své kuchařské dovednosti, ale také se ponoříte do zářivých barev a dráždivých vůní autentické španělské kuchyně.

Nechte tedy cestu do světa „rýže, koření a všeho hezkého" začít. Od tradičních receptů předávaných z generace na generaci až po moderní zvraty, které posouvají hranice chuti, tato bible paella je vaším komplexním průvodcem. Ať už vás přitahuje nadčasové kouzlo valencijské klasiky nebo vás lákají inovativní variace, tyto stránky jsou pokladnicí kulinářské inspirace a lákají vás k přeměně vaší kuchyně ve španělské útočiště chutí.

Ať je vaše kulinářské dobrodružství tak chutné a naplňující jako dokonale uvařená paella. Zde je radost z vaření, potěšení z objevování a bohatá tapisérie chutí, které na vás čekají ve strhujícím světě mistrovství paelly.

PAELLA RYBY A MOŘSKÉ PLODY

1. Paella kuskus s krevetami

SLOŽENÍ:
- ½ libry vykostěných kuřecích prsou zbavených kůže, nakrájených na ½-palcové kousky
- ¼ šálku vody
- 1 (1½ unce) plechovka kuřecího vývaru
- ¾ libry středně velké čerstvé krevety, oloupané a zbavené
- ½ šálku mraženého zeleného hrášku
- ⅓ šálku nakrájené červené papriky
- ⅓ šálku na tenké plátky nakrájené zelené cibule
- 2 stroužky česneku, mleté
- ½ lžičky soli
- ¼ lžičky pepře
- Špetka mletého šafránu
- 1 šálek nevařeného kuskusu

INSTRUKCE:
a) Smíchejte kuře, vodu a kuřecí vývar ve dvoulitrové zapékací misce. Přikryjte pokličkou.
b) Mikrovlnná trouba na vysoký výkon po dobu 4-5 minut.
c) Vmíchejte krevety a dalších 7 ingrediencí (hrášek, červená paprika, zelená cibule, česnek, sůl, pepř a šafrán). Přikryjte a vložte do mikrovlnné trouby na další 3½ až 4½ minuty, nebo dokud krevety nezrůžoví a nebudou uvařené.
d) Vmícháme kuskus, přikryjeme a necháme 5 minut odstát.

2. Paella z mořského vlka

SLOŽENÍ:
- 5 uncí divoké rýže
- 2 unce hrášku
- 1 červená paprika zbavená semínek a nakrájená
- 14 uncí suchého bílého vína
- 3½ unce kuřecího vývaru
- 1 libry filety z mořského vlka, kostky
- 6 hřebenatek
- 8 krevet, oloupaných a zbavených žilek
- Sůl a černý pepř podle chuti
- Kapku olivového oleje

INSTRUKCE:
a) Do žáruvzdorné nádoby, která se hodí k vaší fritéze, vložte všechny ingredience a promíchejte.
b) Umístěte misku do vzduchové fritézy a vařte při 380 stupních F a vařte 25 minut a míchejte do poloviny.
c) Rozdělte mezi talíře a podávejte.

3. Mořské plody Che ddar Paella

SLOŽENÍ:
- 12 malých škeblí ve skořápkách
- 2 libry krevety, oloupané a zbavené
- 4 lžíce olivového oleje
- 1 lžíce másla
- 1 šálek dlouhozrnné rýže
- 1 lžička soli
- 1 Bobkový list
- 1 kostka kuřecího bujonu
- 20 stroužků česneku, nakrájeného nadrobno
- 2 střední cibule, jemně nakrájené
- 2 zelené papriky, nakrájené nadrobno
- 2 velká rajčata, oloupaná a nakrájená
- ½ šálku oliv plněných Pimientem, nakrájených na plátky
- 2 lžičky papriky
- ⅛ lžičky kajenského pepře
- 1 ½ šálku sýra Cheddar, strouhaného

INSTRUKCE:

a) Začněte důkladným umytím škeblí a krevet. Vložte škeble do hrnce s 6 šálky vody a přiveďte k varu. Přidejte krevety a přikryté vařte na vysoké teplotě 5 minut. Odstraňte z ohně, slijte tekutinu z měkkýšů, abyste vytvořili 2 ¼ šálku, a škeble a krevety dejte stranou do zbývajícího vývaru, aby byly teplé.
b) V třílitrovém hrnci rozehřejte 2 lžíce olivového oleje a máslo. Přidejte rýži a promíchejte, aby se dobře obalila. Přidejte vyhrazené 2 ¼ šálku tekutiny, sůl, bobkový list a kostku kuřecího bujónu. Přiveďte k varu, snižte plamen a přikryté vařte bez míchání 25 minut.
c) Předehřejte troubu na 375 °F (190 °C). Mezitím na 2 lžících rozpáleného olivového oleje v holandské troubě orestujte nadrobno nakrájený česnek, cibuli a zelenou papriku, dokud zelená paprika nezměkne, což by mělo trvat asi 10 minut. Nakrájejte rajčata a přidejte je k restované zelenině spolu s olivami, paprikou a kajenským pepřem. Vařte dalších 5 minut a udržujte teplo.
d) Mušle sceďte a přidejte je spolu s uvařenou rýží do rajčatové směsi. Jemně promíchejte, aby se ingredience promíchaly. Přeneste směs do pánve na paellu nebo mělké 4-litrové zapékací misky. Navrch posypte nastrouhaným sýrem čedar.
e) Pečte v předehřáté troubě 10-15 minut, nebo dokud se sýr nerozpustí a nezvětší.

4. Aljašská paella z mořských plodů

SLOŽENÍ:

- 213 gramů konzervovaného červeného aljašského lososa
- 2 lžíce olivového oleje
- 1 stroužek česneku, drcený
- 1 malá cibule, nakrájená nadrobno
- 1 pórek, očištěný a nakrájený na plátky
- 100 gramů dlouhozrnné rýže
- 100 gramů vyloupaných krevet
- 100 gramů Mušle ve slaném nálevu, okapané nebo čerstvé mušle ve skořápkách
- 375 ml Zeleninový nebo kuřecí vývar
- ½ citronu, šťáva
- ½ lžičky mletého šafránu nebo mleté kurkumy
- 2 rajčata, oloupaná, zbavená semínek a nakrájená
- 10 Celé vařené krevety
- Plátky citronu na ozdobu

INSTRUKCE:

a) Začněte tím, že scedíte lososa z konzervy, odložíte šťávu a dáte ji stranou.

b) Ve velké pánvi rozehřejte olivový olej, poté na něm asi 5 minut restujte prolisovaný česnek, nakrájenou cibuli a nakrájený pórek, dokud nezměknou.

c) Vmíchejte dlouhozrnnou rýži, vyloupané krevety, mušle (ať už konzervované ve slaném nálevu nebo čerstvé ve skořápkách), lososovou šťávu, zeleninový nebo kuřecí vývar, citronovou šťávu a šafrán (nebo kurkumu, pokud ji používáte jako náhradu). Vše důkladně promícháme, přivedeme k varu a poté stáhneme plamen na mírný plamen. Nechte vařit 15–20 minut nebo dokud se tekutina z větší části nevsákne do rýže.

d) Jakmile je rýže hotová, jemně vmíchejte nakrájená rajčata a konzervovaného lososa nalámaného na velké vločky.

e) Přeneste chutný pokrm na servírovací talíř a ozdobte jej vařenými krevetami a plátky citronu. Okamžitě podávejte svůj aljašský pokrm z rýže z mořských plodů. Užívat si!

5. Paella s krevetami a chorizo

SLOŽENÍ:
- 6 uncí sušeného španělského choriza, nakrájeného
- 1½ šálku nakrájené žluté cibule
- 1 šálek nakrájené červené papriky
- 1½ šálku nevařené střednězrnné hnědé rýže
- 3 stroužky česneku, nasekané
- ½ šálku suchého bílého vína
- 2 šálky nesoleného kuřecího vývaru
- 14½ unce plechovka pečených nakrájených rajčat bez přidané soli
- 1¼ lžičky košer soli
- ½ lžičky mleté kurkumy
- 1½ libry syrových krevet, oloupaných a zbavených
- 1½ šálku mraženého sladkého hrášku, rozmraženého
- 2 lžíce nasekané čerstvé plocholisté petrželky
- 1 citron, nakrájíme na 6 měsíčků

INSTRUKCE:
a) Zahřejte nepřilnavou pánev na středním stupni; přidejte chorizo a za občasného míchání vařte, dokud klobása nezhnědne, asi 5 minut. Odstraňte chorizo z pánve děrovanou lžící, odkapávání si ponechte v pánvi; nechejte chorizo na papírových utěrkách.

b) Přidejte cibuli a papriku do vyhrazené kapky na pánvi; vaříme za občasného míchání do mírného změknutí, asi 5 minut.

c) Přidejte rýži a česnek; vařte za častého míchání, dokud se rýže lehce neopeče, asi 1 minutu. Přidejte víno a stáhněte z ohně. Nalijte do 6litrového Crockpotu; vmíchejte vývar, rajčata, sůl, kurkumu a chorizo. Přikryjte a vařte na HIGH, dokud rýže nezměkne a tekutina se téměř nevstřebá asi 3 hodiny.

d) Vmíchejte krevety a hrášek; přikryjte a vařte na HIGH, dokud krevety nezrůžoví, 10 až 15 minut. Směs rozdělte na 6 talířů; rovnoměrně posypeme petrželkou a podáváme s měsíčky citronu.

6. Krevetová a rýžová paella

SLOŽENÍ:
- 32 uncí mražených divoce ulovených krevet
- 16 uncí jasmínové rýže
- 4 unce másla
- 4 unce nasekané čerstvé petrželky
- 2 lžičky mořské soli
- ½ lžičky černého pepře
- 2 špetky drcené červené papriky
- 2 střední citrony, odšťavněné
- 2 špetky šafránu
- 24 uncí kuřecího vývaru
- 8 stroužků česneku, nasekaných

INSTRUKCE:
a) Přidejte všechny ingredience do Instant Pot.
b) Nahoru položte krevety.
c) Zakryjte a zajistěte víko. Otočte jeho rukojeť pro uvolnění tlaku do uzavírací polohy.
d) Vařte na funkci „Manual" s vysokým tlakem po dobu 10 minut.
e) Po pípnutí proveďte přirozené uvolnění po dobu 7 minut.
f) V případě potřeby odstraňte skořápky z krevet a poté přidejte krevety zpět do rýže.
g) Promícháme a podáváme teplé.

7. Mořský ďas a paella z mušlí

SLOŽENÍ:
- 1 kilogram čerstvých mušlí
- 150 ml suchého bílého vína nebo vody
- Špetka šafránových vláken
- 900 ml horkého rybího vývaru
- 6 lžic olivového oleje
- 1-kilogramové filety z mořského ďasa, nakrájené na kousky
- 1 cibule, nakrájená
- 2 stroužky česneku, rozdrcené
- 1 plechovka (185 g) červené papriky, nakrájená na proužky
- 2 velká zralá rajčata, nakrájená nahrubo
- 350 gramů rýže z Valencie nebo rizota
- Sůl a pepř
- 100 gramů vařeného hrášku
- Na ozdobu plátky citronu a nasekaná čerstvá petrželka

INSTRUKCE:

a) Mušle vydrhněte a opláchněte ve studené vodě, všechny s rozbitými nebo otevřenými skořápkami vyhoďte. Vložte je do velkého hrnce s bílým vínem nebo vodou a vařte na vysoké teplotě 3–4 minuty za občasného protřepávání pánví, dokud se mušle neotevřou. Sceďte je v cedníku nad miskou, aby se zachytila tekutina z vaření. Všechny mušle, které zůstaly zavřené, vyhoďte.

b) Vložte šafrán do malé misky a zalijte 2-3 lžícemi horkého rybího vývaru. Nechte 20 minut louhovat.

c) Ve velké pánvi rozehřejte olivový olej a opékejte ďasa po dobu 5 minut. Vyjměte ďasa děrovanou lžící a dejte ji stranou.

d) Do pánve přidejte nakrájenou cibuli, prolisovaný česnek a proužky pimenta a opékejte 10 minut na vysoké teplotě. Přidejte nahrubo nakrájená rajčata a opékejte dalších 5 minut, nebo dokud směs nezhoustne.

e) Míchejte rýži, dokud se nepokryje cibulovou směsí. Vraťte ďasa do pánve, poté zalijte rybím vývarem, přecezenou tekutinou na vaření mušlí, šafránem a kořením. Několik minut zprudka vařte, poté snižte teplotu a vařte 15–20 minut bez míchání, dokud rýže a ryba nezměknou.

f) Většinu mušlí vyjměte ze skořápek, pár jich ve skořápce ponechejte.

g) K rýži přidejte vyloupané mušle a uvařený hrášek. Promíchejte a v případě potřeby přidejte další vývar.

h) Vypněte oheň, přikryjte utěrkou a nechte 3-4 minuty odstát.

i) Paellu podávejte najednou, ozdobenou odloženými mušlemi ve skořápkách, kolečky citronu a nasekanou čerstvou petrželkou.

8. Humří paella

SLOŽENÍ:
- ¼ šálku dobrého olivového oleje
- 1 ½ šálku nakrájené žluté cibule (2 cibule)
- 2 červené papriky, zbavené jádřinců a nakrájené na ½-palcové proužky
- 2 lžíce mletého česneku (4 až 6 stroužků)
- 2 šálky bílé rýže basmati
- 5 šálků dobrého kuřecího vývaru, nejlépe domácího
- ½ lžičky šafránových nití, drcených
- ¼ lžičky drcených vloček červené papriky
- 1 lžíce košer soli
- 1 lžička čerstvě mletého černého pepře
- ⅓ šálku likéru s příchutí lékořice (doporučeno: Pernod)
- 1 ½ kila vařeného humřího masa
- 1 libra kielbasy, nakrájené na ¼ až ½ palce silné
- 1 (10 uncový) balíček mraženého hrášku
- 1 polévková lžíce nasekané čerstvé listové petrželky
- 2 citrony, nakrájené na měsíčky

INSTRUKCE:
a) Předehřejte troubu na 425 stupňů F (220 stupňů C).
b) Ve velké holandské troubě zahřejte olivový olej na středně nízkou teplotu. Přidejte nakrájenou cibuli a za občasného míchání opékejte asi 5 minut.
c) Přidejte červenou papriku a vařte na středním plameni dalších 5 minut.
d) Snižte teplotu, přidejte nasekaný česnek a vařte ještě 1 minutu.
e) Vmíchejte bílou rýži basmati, kuřecí vývar, drcené šafránové nitě, drcené vločky červené papriky, košer sůl a čerstvě mletý černý pepř. Směs přiveďte k varu.
f) Hrnec přikryjeme a vložíme do předehřáté trouby. Po 15 minutách rýži jemně promíchejte vařečkou a vraťte ji do trouby, aby se nezakrytá dopékala dalších 10 až 15 minut, nebo dokud není rýže zcela uvařená a neabsorbuje tekutinu.
g) Paellu přendejte zpět na sporák a přidejte likér s příchutí lékořice. Paellu vařte na středním plameni 1 minutu, aby se likér vstřebal do rýže.
h) Vypněte oheň a přidejte uvařené humří maso, kielbasu a mražený hrášek. Jemně promíchejte, aby se spojily.
i) Paellu přikryjeme a necháme 10 minut v páře.
j) Posypeme nasekanou čerstvou plocholistou petrželkou a ozdobíme měsíčky citronu.

9. Smíšené mořské plody a kuřecí paella

SLOŽENÍ:
- 2 šálky rýže paella
- 1/2 libry kuřecích stehen, bez kostí a kůže, nakrájené na kostičky
- 1/2 libry smíšené mořské plody (škeble, krevety, chobotnice)
- 1 cibule, nakrájená nadrobno
- 3 stroužky česneku, nasekané
- 1 červená paprika, nakrájená na plátky
- 1 rajče, nakrájené
- 4 šálky kuřecího vývaru
- 1 lžička uzené papriky
- 1/2 lžičky šafránových nití
- Sůl a pepř na dochucení
- 1/4 šálku olivového oleje

INSTRUKCE:
a) V pánvi na paellu rozehřejte na středním plameni olivový olej. Přidejte na kostičky nakrájené kuřecí maso a vařte do zhnědnutí.
b) Přidejte nakrájenou cibuli a česnek; restujeme do změknutí.
c) Vmícháme rýži paella, obalíme v oleji a smícháme s kuřecím masem.
d) Přidejte uzenou papriku, šafránové nitě a nakrájená rajčata. Zalijte kuřecím vývarem.
e) Na rýži položte rozmixované mořské plody a vařte, dokud není rýže téměř hotová.
f) Dochuťte solí a pepřem. Pánev přikryjeme a necháme dusit, dokud není rýže zcela uvařená.
g) Podávejte horké.

10. Squid Ink Paella s mořskými plody

SLOŽENÍ:
- 2 šálky krátkozrnné rýže
- 1/2 libry chobotnice, očištěné a nakrájené
- 1/2 libry velké krevety, oloupané a zbavené
- 1 cibule, nakrájená nadrobno
- 3 stroužky česneku, nasekané
- 1 červená paprika, nakrájená na plátky
- 2 rajčata, nastrouhaná
- 4 šálky vývaru z ryb nebo mořských plodů
- 2 lžičky chobotnicového inkoustu
- 1/2 šálku suchého bílého vína
- Sůl a pepř na dochucení
- 1/4 šálku olivového oleje

INSTRUKCE:
a) V pánvi na paellu rozehřejte na středním plameni olivový olej. Přidejte nakrájenou cibuli a česnek; orestujte až do průsvitnosti.
b) Přidejte nakrájenou chobotnici a krevety; vaříme, dokud mořské plody lehce nezhnědnou.
c) Vmícháme krátkozrnnou rýži, obalíme v oleji a smícháme s mořskými plody.
d) Přidejte nastrouhaná rajčata, nakrájenou červenou papriku a chobotnicový inkoust. Zalijte vývarem z ryb nebo mořských plodů a bílým vínem.
e) Dochuťte solí a pepřem. Vařte, dokud není rýže téměř hotová.
f) Pánev přikryjeme a necháme dusit, dokud není rýže zcela uvařená.
g) Podávejte horké.

11. Paella humra a hřebenatky

SLOŽENÍ:
- 2 šálky rýže Valencia
- 1 humr, vařený a nakrájený na kousky
- 1/2 libry mořské mušle
- 1 cibule, nakrájená nadrobno
- 3 stroužky česneku, nasekané
- 1 žlutá paprika, nakrájená na plátky
- 1 šálek cherry rajčat, napůl
- 4 šálky vývaru z ryb nebo mořských plodů
- 1 lžička sladké papriky
- Špetka šafránových nití
- Sůl a pepř na dochucení
- 1/4 šálku olivového oleje

INSTRUKCE:
a) V pánvi na paellu rozehřejte na středním plameni olivový olej. Přidejte nakrájenou cibuli a česnek; restujeme do změknutí.
b) Přidejte valencijskou rýži a míchejte, aby se rýže obalila v oleji.
c) Vmíchejte sladkou papriku a šafránové nitě. Přidejte žlutou papriku a cherry rajčata.
d) Zalijte vývarem z ryb nebo mořských plodů. Dochuťte solí a pepřem.
e) Na rýži položte kousky humra a mořské mušle. Vařte, dokud není rýže téměř hotová.
f) Pánev přikryjeme a necháme dusit, dokud není rýže zcela uvařená.
g) Podávejte horké.

12. Smíšené mořské plody a chorizo paella

SLOŽENÍ:
- 2 šálky rýže Calasparra
- 1/2 libry smíšené mořské plody (škeble, mušle, krevety)
- 1/2 libry chorizo klobásy, nakrájené na plátky
- 1 cibule, nakrájená nadrobno
- 3 stroužky česneku, nasekané
- 1 zelená paprika, nakrájená na plátky
- 1 šálek drcených rajčat
- 4 šálky kuřecího nebo rybího vývaru
- 1 lžička uzené papriky
- Sůl a pepř na dochucení
- 1/4 šálku olivového oleje

INSTRUKCE:
a) V pánvi na paellu rozehřejte na středním plameni olivový olej. Přidejte nakrájenou cibuli a česnek; orestujte až do průsvitnosti.
b) Přidejte nakrájené chorizo a vařte do zhnědnutí.
c) Vmíchejte rýži Calasparra, obalte ji v oleji a promíchejte s chorizem.
d) Přidejte drcená rajčata a nakrájenou zelenou papriku. Zalijte kuřecím nebo rybím vývarem.
e) Dochutíme uzenou paprikou, solí a pepřem.
f) Na rýži položte rozmixované mořské plody a vařte, dokud není rýže téměř hotová.
g) Pánev přikryjeme a necháme dusit, dokud není rýže zcela uvařená.
h) Podávejte horké.

13. Paella ze škeble a klobásy

SLOŽENÍ:
- 2 šálky střednězrnné rýže
- 1 libra škeble littleneck, očištěná
- 1/2 libry španělského chorizo, nakrájené na plátky
- 1 cibule, nakrájená nadrobno
- 3 stroužky česneku, nasekané
- 1 žlutá paprika, nakrájená na kostičky
- 1 šálek suchého bílého vína
- 4 šálky kuřecího nebo rybího vývaru
- 1 lžička papriky
- Špetka šafránových nití
- Sůl a pepř na dochucení
- 1/4 šálku olivového oleje

INSTRUKCE:
a) V pánvi na paellu rozehřejte na středním plameni olivový olej. Přidejte nakrájenou cibuli a česnek; restujeme do změknutí.
b) Přidejte nakrájené chorizo a vařte do zhnědnutí.
c) Vmícháme střednězrnnou rýži, obalíme v oleji a smícháme s chorizem.
d) Přidejte na kostičky nakrájenou žlutou papriku. Zalijte suchým bílým vínem a kuřecím nebo rybím vývarem.
e) Dochutíme paprikou, šafránovými nitěmi, solí a pepřem.
f) Na rýži položte očištěné škeble a vařte, dokud není rýže téměř hotová.
g) Pánev přikryjeme a necháme dusit, dokud není rýže zcela uvařená.
h) Podávejte horké.

14. Paella z lososa a chřestu

SLOŽENÍ:
- 2 šálky krátkozrnné rýže
- 1 libra filetů z lososa, nakrájená na kousky
- 1/2 libry chřestu, oříznuté a nakrájené na kousky
- 1 cibule, nakrájená nadrobno
- 3 stroužky česneku, nasekané
- 1 červená paprika, nakrájená na plátky
- 1 šálek cherry rajčat, napůl
- 4 šálky rybího nebo zeleninového vývaru
- 1 lžička uzené papriky
- Špetka šafránových nití
- Sůl a pepř na dochucení
- 1/4 šálku olivového oleje

INSTRUKCE:
a) V pánvi na paellu rozehřejte na středním plameni olivový olej. Přidejte nakrájenou cibuli a česnek; restujeme do změknutí.
b) Přidejte krátkozrnnou rýži a míchejte, aby se rýže obalila v oleji.
c) Vmícháme uzenou papriku a šafránové nitě. Přidejte červenou papriku a cherry rajčata.
d) Zalijeme rybím nebo zeleninovým vývarem. Dochuťte solí a pepřem.
e) Na rýži položte kousky lososa a chřest. Vařte, dokud není rýže téměř hotová.
f) Pánev přikryjeme a necháme dusit, dokud není rýže zcela uvařená.
g) Podávejte horké.

DRŮBEŽNÍ PAELLA

15. Kuře, krevety a chorizo paella

SLOŽENÍ:
- ½ lžičky šafránových nití, drcených
- 2 lžíce olivového oleje
- 1 libra kuřecích stehen bez kůže a kostí, nakrájená na 2-palcové kousky
- 4 unce vařené uzené chorizo klobásy španělského typu, nakrájené na plátky
- 1 střední cibule, nakrájená
- 4 stroužky česneku, nasekané
- 1 hrnek hrubě nastrouhaných rajčat
- 1 lžíce uzené sladké papriky
- 6 šálků kuřecího vývaru se sníženým obsahem sodíku
- 2 šálky krátkozrnné španělské rýže, jako je Bomba, Calasparra nebo Valencia
- 12 velkých krevet, oloupaných a zbavených žilek
- 8 uncí mraženého hrášku, rozmraženého
- Nakrájené zelené olivy (volitelné)
- Nasekaná italská petržel

INSTRUKCE:

a) V malé misce smíchejte šafrán a ¼ šálku horké vody; nechte 10 minut stát.
b) Mezitím v 15palcové pánvi na paella zahřejte olej na středně vysokou teplotu. Přidejte kuře na pánev. Vařte za občasného obracení, dokud kuře nezhnědne, asi 5 minut.
c) Přidejte chorizo. Vařte ještě 1 minutu. Vše přeneste na talíř.
d) Do pánve přidejte cibuli a česnek. Vařte a míchejte 2 minuty. Přidejte rajčata a papriku. Vařte a míchejte dalších 5 minut, nebo dokud rajčata nezhoustnou a budou téměř pastovitá.
e) Vraťte kuře a chorizo na pánev. Přidejte kuřecí vývar, šafránovou směs a ½ lžičky soli; přiveďte k varu na vysokém ohni.
f) Přidejte rýži do pánve a jednou promíchejte, aby se rovnoměrně rozložila. Vařte bez míchání, dokud rýže nevsákne většinu tekutiny, asi 12 minut. (Pokud je vaše pánev větší než váš hořák, otáčejte každých pár minut, aby se rýže uvařila rovnoměrně.)
g) Snižte teplo na minimum. Vařte bez míchání dalších 5 až 10 minut, dokud se všechna tekutina nevstřebá a rýže není al dente. Navrch dejte krevety a hrášek.
h) Změňte teplotu na vysokou. Vařte bez míchání ještě 1 až 2 minuty (okraje by měly vypadat suché a na dně by se měla vytvořit kůrka). Odstranit. Zakryjte pánev alobalem.
i) Před podáváním nechte 10 minut odpočinout. Navrch přidejte olivy, pokud chcete, a petrželku.

16. Tlakový hrnec Kuřecí paella s mořskými plody

SLOŽENÍ:
- 1½ libry kuřecích částí, zbavených kůže, nakrájených na 2-palcové kousky
- ½ lžičky soli (děleno)
- ¼ lžičky bílého pepře
- 1 lžíce olivového oleje
- ½ šálku nakrájené cibule
- 2 stroužky česneku, mleté
- 1 středně zelená paprika, nakrájená na 1-palcové čtverce
- 1 šálek drcených konzervovaných rajčat
- 4 unce dlouhozrnné rýže, nevařené
- ¾ šálku vody
- 1 balíček instantního kuřecího vývaru a směsi koření
- ¼ lžičky majoránky
- ⅛ lžičky celého šafránu (volitelně)
- 5 uncí vyloupaných a zbavených krevet
- 12 malých škeblí ve skořápce, vydrhnutých, nebo 4 unce mletých škeblí (konzervované), okapané

INSTRUKCE:
a) Kuřecí kousky posypte ¼ lžičky soli a bílým pepřem. Dát stranou.
b) Ve čtyřlitrovém tlakovém hrnci rozehřejte olivový olej. Přidejte na kostičky nakrájenou cibuli a nasekaný česnek a restujte 2 minuty.
c) Přidejte kuře a pokračujte v restování další 3 minuty.
d) Vmícháme zelenou papriku, drcená rajčata a rýži.
e) Přidejte vodu, směs instantního kuřecího vývaru, majoránku a šafrán (pokud chcete). Přidejte také zbývající ¼ lžičky soli. Míchejte, aby se spojily.
f) Pevně uzavřete kryt tlakového hrnce. Nasaďte regulátor tlaku pevně na odvzdušňovací potrubí a zahřívejte, dokud se regulátor nezačne jemně kývat.
g) Vařte při tlaku 15 liber po dobu 5 minut.
h) Podržte tlakový hrnec pod tekoucí studenou vodou, abyste snížili tlak.
i) Odstraňte kryt a vmíchejte krevety a škeble do rýžové směsi.
j) Vařič znovu zavřete a vařte při tlaku 15 liber další 3 minuty.
k) Snižte tlak pod tekoucí studenou vodou.
l) Před podáváním rýži načechráme vidličkou.

17. Kuřecí chřest Paella

SLOŽENÍ:
- ¾ libry chřestu
- 1 libra Kuřecí maso nakrájené na kostky
- ⅛ lžičky pepře
- 2 polévkové lžíce olivového oleje
- Velká cibule
- Bílé víno (suché)
- 1 ½ šálku rýže (dlouhozrnná)
- ½ šálku Pimiento nebo pečeného červeného zvonu
- 1 šálek vody
- ¾ šálku Sladký hrášek
- ¾ libry brokolice
- ⅛ lžičky soli
- 3 polévkové lžíce mouky
- ½ libry cukety, nakrájené na kostičky ½ palce
- 1 stroužek česneku, prolisovaný
- 1 libra Rajčata, kotleta, semena, kůže
- 1 špetka Cayenne
- 1 šálek kuřecího vývaru (14 ½ unce)
- ½ lžičky šafránu

INSTRUKCE:

a) Odlomte a vyhoďte tuhé konce chřestu. Odřízněte špičky v délce 2 palce a odložte stranou. Nakrájejte stonky na ¼ palce silné plátky. Odřízněte růžičky brokolice a dejte stranou se špičkami chřestu. Stonky oloupeme, podélně rozčtvrtíme a nakrájíme na kousky stejné velikosti jako plátky chřestu.
b) Nakrájený chřest a brokolici vařte v hrnci s vroucí vodou 3 minuty nebo do změknutí. Sceďte a dejte stranou.
c) Kuřecí maso posypte solí a pepřem. Zaválejte v mouce a přebytečné zastíněte. Zahřejte 1 polévkovou lžíci oleje v široké nepřilnavé pánvi na středně vysokou teplotu.
d) Přidejte kuře a opékejte 3 minuty z každé strany nebo dokud lehce nezhnědnou. Vyjměte kuře z pánve a dejte stranou.
e) Přidejte zbývající lžíci oleje do pánve. Přidejte cuketu a vařte na středně vysokém ohni 4 až 5 minut nebo dokud lehce nezhnědnou. Vyjměte z pánve děrovanou lžící a dejte stranou.
f) Přidejte cibuli a česnek k odkapávání pánve. Jednou promíchejte a přidejte víno. Poté přikryjte a vařte na mírném ohni 10 minut nebo dokud cibule nezměkne a nevstřebá se tekutina. Vmíchejte rajčata a vařte odkryté 4 minuty. Vmíchejte rýži a kajenský pepř.
g) Přeneste rýžovou směs do širokého mělkého 4-litrového kastrolu. Přidejte blanšírovaný chřest a brokolici, kuřecí maso, cuketu a pečenou papriku. V tuto chvíli můžete zakrýt a chladit až 8 hodin
h) V pánvi přiveďte k varu kuřecí vývar a vodu. Vmícháme šafrán. Přelijeme rýžovou směsí. Kastrol pevně zakryjte alobalem. Pečte v předehřáté troubě na 350 F po dobu 40 minut. Přidejte hrášek a dvěma vidličkami jemně vmíchejte do rýže. Přikryjte a pečte dalších 10 nebo 15 minut, nebo dokud rýže nezměkne a nevstřebá se veškerá tekutina.
i) Když je rýže hotová, vařte špičky chřestu a růžičky brokolice v hrnci s vroucí vodou po dobu 4 minut nebo do změknutí. Sceďte a upravte jako ozdobu na rýži.

18. Kuřecí a kukuřičná paella

SLOŽENÍ:

- 2 šálky rýže Bomba
- 1 libra kuřecích prsou, bez kostí a kůže, nakrájená na kousky
- 1 cibule, nakrájená nadrobno
- 3 stroužky česneku, nasekané
- 1 šálek kukuřičných zrn
- 1 žlutá paprika, nakrájená na plátky
- 4 šálky kuřecího vývaru
- 1 lžička papriky
- Špetka šafránových nití
- Sůl a pepř na dochucení
- 1/4 šálku olivového oleje

INSTRUKCE:

a) V pánvi na paellu rozehřejte na středním plameni olivový olej. Přidejte nakrájenou cibuli a česnek; restujeme do změknutí.
b) Přidejte kuřecí kousky a vařte do zhnědnutí.
c) Vmícháme rýži Bomba, obalíme v oleji a smícháme s kuřetem.
d) Přidejte kukuřičná zrna a nakrájenou žlutou papriku. Zalijte kuřecím vývarem.
e) Dochutíme paprikou, šafránovými nitěmi, solí a pepřem.
f) Vařte, dokud není rýže téměř hotová. Pánev přikryjeme a necháme dusit, dokud není rýže zcela uvařená.
g) Podávejte horké.

19. Grilované kuře, klobása a krevetová paella

SLOŽENÍ:

- 2 libry Kuřecí křídla nebo stehna
- 2 polévkové lžíce plus ¼ šálku extra panenského olivového oleje, rozdělené
- Sůl a černý pepř, podle chuti
- 1 libra česneku klobása odkazy
- 1 velká cibule, nakrájená
- 2 velké červené papriky, zbavené semínek a nakrájené na tenké proužky
- 4 stroužky česnek, mletý
- 1 plechovka (14 uncí) nakrájených rajčat, neodkapaných
- 4 šálky nevařené rýže
- ¾ libry kuřecí křidélka
- ½ libry Velké krevety, oloupané a zbavené žilek, s neporušenými ocasy
- 1 ½ šálku mraženého hrášku
- 1 plechovka (14 uncí) kuřecí vývar
- 2 citrony, nakrájené na měsíčky
- 2 oválné jednorázové alobalové pánve (17x13x3")

INSTRUKCE:
a) Kuře potřeme 2 lžícemi olivového oleje a ochutíme solí a černým pepřem.
b) Kuře a klobásu grilujte na zakrytém grilu na středně rozpáleném uhlí 15 až 20 minut, nebo dokud nevyteče kuřecí šťáva a klobása již není růžová. Otočte je každých 5 minut. Po grilování nakrájejte klobásu na 2-palcové kousky.
c) Zahřejte zbývající ¼ šálku oleje ve velké pánvi na středně vysokou teplotu. Přidejte nakrájenou cibuli, papriku a prolisovaný česnek. Vařte a míchejte asi 5 minut, nebo dokud zelenina nezměkne.
d) Přidejte neloupaná nakrájená rajčata, 1 ½ lžičky soli a ½ lžičky černého pepře. Vařte za častého míchání asi 8 minut, dokud směs nezhoustne.
e) Smíchejte cibulovou směs a rýži v jedné z alobalových pánví a rovnoměrně ji rozprostřete. Na rýži položte grilované kuře, klobásu, mořské plody a hrášek.
f) V třílitrovém hrnci přiveďte k varu kuřecí vývar a 6 šálků vody. Alobalovou pánev s rýží a ostatními přísadami položte na gril na střední uhlí. Rýži ihned zalijte vroucí vývarovou směsí.
g) Paellu grilujeme na zakrytém grilu asi 20 minut, dokud se tekutina nevsákne. Nemíchejte. Zakryjte fólií a nechte 10 minut stát.
h) Ozdobte měsíčky citronu a podávejte.

20. Paella s kuřecím masem a černými fazolemi

SLOŽENÍ:
- 1 balení (7,25 unce) Rice-a-Roni - Rice Pilaf
- ¾ liber Půlky kuřecích prsou bez kosti a kůže, nakrájené na tenké plátky
- 1 šálek nakrájené cibule
- 2 stroužky česnek, mletý
- ¾ lžičky mleté kurkumy
- ⅛ až ¼ lžičky Feferonkové omáčky
- 1 plechovka (15 uncí) Černé fazole, scezené a propláchnuté
- 1 ½ šálku mraženého hrášku
- 1 střední rajče, zbavené semínek a nakrájené

INSTRUKCE:
a) Ve velké pánvi orestujte směs rýže a nudlí podle pokynů na obalu. Vmíchejte 2 hrnky vody, kuřecí (nebo vepřové), nakrájenou cibuli, mletý česnek, mletou kurkumu, feferonkovou omáčku a obsah balíčku koření. Směs přiveďte k varu na silném ohni.
b) Zakryjte pánev a snižte teplotu na minimum. Vařte 8 minut.
c) Vmícháme scezené a propláchnuté černé fazole a mražený hrášek. Přikryjte a vařte dalších 7–10 minut, nebo dokud se většina tekutiny nevstřebá.
d) Nakonec vmícháme nakrájené rajče.

21. Kuřecí maso a italská klobása Paella

SLOŽENÍ:
- 2 kuřecí stehna, kůže, osmahnutá
- 2 kuřecí stehna, kůže, osmahnutá
- 3 velké kusy italských klobás, opečených a nakrájených na 1-palcové kousky
- 1 červená a žlutá paprika, nakrájená na proužky a předpražená
- 1 svazek baby brokolice, předvařené
- 1½ šálku rýže, krátké zrno jako carnaroli nebo arborio
- 4 šálky kuřecího vývaru, ohřátého
- 1 šálek pyré z pečené červené papriky
- ¼ šálku suchého bílého vína
- 1 střední cibule, nakrájená na velké kostičky
- 4 velké stroužky česneku, nastrouhané
- strouhaný parmazán nebo sýr Romano
- olivový olej

INSTRUKCE:
a) Začněte opékáním kousků kuřete na pánvi na paellu, získání dobré kůrky z obou stran a téměř provaření, ale ne tak docela, a pak dejte stranou.
b) Setřete veškerý přebytečný olej z pánve a poté setřete přebytečný olej z článků klobásy.
c) Ve velké pánvi zakápněte olivovým olejem, přidejte nastrouhaný česnek a cibuli a orestujte, dokud nezměknou a nezezlátnou.
d) Přidejte víno a nechte minutu povařit.
e) Smíchejte všechnu rýži s polovinou pyré z červené papriky nebo s trochou více. Házejte, dokud nebude rovnoměrně pokrytá, a poté vtlačte rýžovou směs na dno pánve.
f) Do rýže přidejte trochu strouhaného sýra, soli a pepře.
g) Kolem pánve rozložte kousky klobásy spolu s kousky kuřete.
h) Kolem masa kreativně naaranžujte zbývající zeleninu.
i) Všechny 4 šálky teplého vývaru opatrně nalijte navrch.
j) Pomocí cukrářského štětce potřete kuře extra pyré z červené papriky pro větší chuť a podle potřeby naneste trochu více kolem dokola.
k) Vařte na mírném ohni, volně přikryté alobalem, dokud se vlhkost neodpaří.
l) Předehřejte troubu na 375 °F a pečte přikrytou pánev 15–20 minut, aby bylo maso propečené.
m) Pokračujte ve vaření na sporáku, dokud rýže nezměkne.
n) Celá doba by měla být kolem 45 minut.
o) Nechte ho pár minut vychladnout.
p) Ozdobte čerstvou bazalkou a nasekanou petrželkou.

22. Paella salát s kuřecím masem a mořskými plody

SLOŽENÍ:
NA RÝŽI:
- 3 lžíce nejkvalitnějšího olivového oleje
- 3 velké stroužky česneku, nasekané
- 1 malá cibule, nakrájená nadrobno
- 2 šálky dlouhozrnné rýže
- 4 ½ šálků kuřecího vývaru
- ¼ lžičky práškového šafránu nebo 1 lžička šafránových nití
- ½ lžičky kurkumy
- ½ lžičky sušeného tymiánu

PRO VINAIGRETU:
- ⅔ šálku olivového oleje
- 2 lžíce červeného vinného octa
- 1 velký stroužek česneku, nasekaný
- ¼ šálku jemně nasekané čerstvé petrželky
- Sůl, podle chuti
- Hodně čerstvě mletého černého pepře

NA SALÁT:
- 1 celé vařené kuřecí prso, zbavené kůže, vykostěné a nakrájené na kousky o velikosti sousta
- 12 vařených krevet, vyloupaných a vydlabaných
- ½ libry vařené chorizo, nakrájené na plátky
- 1 velká červená paprika, zbavená semínek a nakrájená
- 1 velké zralé rajče, zbavené semínek a nakrájené
- 14 uncí konzervovaných artyčokových srdcí, scezených a nakrájených na plátky
- 1 šálek čerstvého nebo mraženého hrášku
- 6 celých cibulí, nakrájených najemno
- ¼ šálku nasekané čerstvé petrželky
- 14 oliv Kalamata, vypeckovaných a rozpůlených

INSTRUKCE:
a) Zahřejte 3 lžíce olivového oleje v těžkém 4½litrovém hrnci. Přidejte nakrájený česnek a cibuli a vařte do měkka, asi 2 minuty.
b) Přidejte rýži a míchejte, aby se obalila olejem.
c) Přidejte kuřecí vývar, šafrán (buď na prášek nebo rozdrobené nitě), kurkumu a sušený tymián. Přikryjeme a přivedeme k varu. Snižte plamen a vařte, dokud se voda nevstřebá, což trvá asi 25 minut.
d) Uvařenou rýži přendejte do velké mísy a nechte ji vychladnout na pokojovou teplotu.
e) V malé misce smíchejte ⅔ šálku olivového oleje, červený vinný ocet, mletý česnek, petržel, sůl a spoustu čerstvě mletého černého pepře, abyste vytvořili vinaigrette.
f) Do vychladlé rýže přidejte kuře, krevety, nakrájené chorizo, nakrájenou červenou papriku, nakrájené rajče, nakrájená artyčoková srdíčka, hrášek, najemno nakrájenou jarní cibulku, nasekanou petrželku a rozpůlené olivy Kalamata.
g) Míchejte, aby se spojily, poté přidejte dostatek vinaigrettu, aby se všechny ingredience lehce obalily. Jemně promíchejte, aby se zapracovalo.
h) Salát ochutnejte a případně dochuťte.
i) Salát Paella chlaďte, dokud nebudete připraveni sloužit.

23. s kuřecím masem a fazolemi Lima

SLOŽENÍ:
- 2 lžíce olivového oleje (nejlépe extra panenského)
- 2 ½ šálků nakrájené červené cibule (asi 2 střední)
- 1 unce nadrobno nakrájené uzené šunky (nedostatek ¼ šálku)
- 4 lžíce nasekaného čerstvého tymiánu nebo 1 ½ lžíce sušeného
- 3 velké bobkové listy
- 8 uncí vykostěných kuřecích stehen bez kůže, oříznutých tukem, nakrájených na 1-palcové kousky
- 3 šálky mražených fazolí baby lima (asi 1 libra)
- 1 plechovka rajčat italského typu, nakrájená na kousky, s vyhrazenou šťávou (16 uncí)
- 6 stroužků česneku, nasekaných

INSTRUKCE:
a) Zahřejte 2 lžíce olivového oleje ve velké nepřilnavé pánvi na středně vysokou teplotu.
b) Na pánev přidejte nakrájenou červenou cibuli, nadrobno nakrájenou uzenou šunku, nasekaný čerstvý tymián a bobkové listy. Opékejte, dokud cibule nezměkne a nezezlátne, což by mělo trvat asi 8 minut.
c) Přidejte kuřecí kousky, mražené baby lima fazole, rajčata na italský způsob se šťávou a nasekané stroužky česneku. Směs přiveďte k varu.
d) Snižte teplotu na středně nízkou, přikryjte a vařte, dokud nejsou kousky kuřete propečené a fazole lima měkké, přibližně 25 minut. Bobkové listy vyhoďte.
e) Směs dochuťte podle chuti solí a pepřem.
f) Paellu přendejte do velké servírovací mísy, posypte zbývající 1 lžící nasekaného čerstvého tymiánu a podávejte.

24. Paella s kuřecím masem a sušenými rajčaty

SLOŽENÍ:

- 1 ½ lžíce olivového oleje
- 6 kuřecích stehýnek, kůže
- 1 ¼ šálku nakrájené cibule
- 1 šálek zelené papriky, julienned
- 2 velké stroužky česneku, nasekané
- 1 ½ šálku dlouhozrnné rýže, nevařené
- 3 šálky kuřecího vývaru
- 14 ½ unce plechovky celých rajčat, oloupaných
- 1 ½ šálku sušených rajčat, rozpůlených
- 1 šálek suchého bílého vína
- 1 lžíce čerstvého oregana, nakrájeného (nebo 1 lžička sušeného oregana)
- 1 lžíce čerstvého tymiánu, nasekaného (nebo 1 lžička sušeného tymiánu)
- ¼ lžičky vloček červené papriky (nebo ½ lžičky, pokud to máte rádi pikantnější)
- 1 ½ libry škeblí a/nebo mušlí, vydrhnutých
- ¾ liber střední krevety, loupané
- 1 šálek mraženého hrášku, rozmraženého
- Sůl a pepř na dochucení

INSTRUKCE:

a) Zahřejte olivový olej v holandské troubě nebo velké pánvi. Přidejte kuřecí stehna a opékejte, dokud ze všech stran nezhnědnou, asi 10 minut. Kuře vyjmeme a dáme stranou.
b) Do stejného hrnce přidejte nakrájenou cibuli, nakrájenou zelenou papriku a prolisovaný česnek. Za stálého míchání restujte asi 3 minuty.
c) Přidejte nevařenou dlouhozrnnou rýži, kuřecí vývar, konzervovaná celá rajčata, sušená rajčata, bílé víno, čerstvé oregano (nebo sušené oregano), čerstvý tymián (nebo sušený tymián) a vločky červené papriky. Směs přiveďte k varu.
d) Hrnec přikryjte a vařte asi 20 minut nebo dokud se většina tekutiny téměř nevstřebá.
e) Vmíchejte škeble a/nebo mušle a vařte asi 6 minut, nebo dokud se skořápky nezačnou otevírat.
f) Přidejte oloupané krevety a rozmražený mražený hrášek. Vařte další 2 až 3 minuty, nebo dokud krevety nebudou neprůhledné a všechny skořápky škeblí nebo mušlí se neotevřou.
g) Dochuťte solí a pepřem podle chuti.

25. Španělská paella kuře a mušle

SLOŽENÍ:
- 2 lžíce olivového oleje
- 1 šálek žluté cibule, nasekané (1 střední)
- 1 červená nebo zelená paprika, zbavená jádřinců, pecky a nakrájená na proužky
- 1 šálek nasekaných a nakrájených rajčat (plechovka o hmotnosti 1 libry)
- 1 lžička sušeného tymiánu a bazalky, rozdrobené
- 1 lžička semene kmínu
- 1 bobkový list
- 1 lžíce mletého česneku
- 2½ libry kuřete, nakrájené na 10 porcí (nebo 6 kuřecích stehýnek, rozdělených na paličky a stehna, až 3 libry)
- Sůl a pepř
- 2 lžíce olivového oleje
- ½ kila choriza nebo španělské klobásy, nakrájené příčně na plátky (nebo uzená šunka, nakrájená na kostičky, asi 3 články)
- 4½ šálků kuřecího vývaru (až 4 šálky)
- ¼ lžičky mletého šafránu nebo kurkumy
- 3 šálky dlouhozrnné rýže
- 1 libra mušlí, dobře vydrhnuta, vousy odstraněny a opláchnuty
- 1 šálek čerstvého nebo zmrazeného hrášku, rozmraženého
- Čerstvý mletý koriandr nebo petržel na ozdobu
- Měsíčky citronu na ozdobu

INSTRUKCE:
PRO SOFRITO:
a) Připravte sofrito: Na pánvi rozehřejte 2 lžíce olivového oleje.
b) Přidejte nasekanou cibuli a papriku a vařte do změknutí, asi 2 minuty.
c) Přidejte nakrájená rajčata, sušený tymián, bazalku, kmín, bobkový list a prolisovaný česnek. Dochuťte solí a pepřem. Směs vařte 5 až 7 minut nebo dokud se téměř všechna tekutina neodpaří. Dejte to stranou.

SESTAVTE PAELLU:
d) Kuře osušíme a dochutíme solí a pepřem.
e) Ve velké hluboké pánvi zahřívejte olej na středně vysoké teplotě, dokud není horký.
f) Přidejte kuře na pánev a opékejte ho 7 až 10 minut z každé strany nebo dokud nezhnědne. Kuře přendejte na talíř.
g) Přidejte klobásu nebo šunku na pánev, za stálého míchání ji opečte, dokud se lehce nezhnědne, a přeneste ji děrovanou lžící na talíř.
h) Předehřejte troubu na 400 stupňů.
i) V hrnci přiveďte vývar k varu na středně vysokém ohni, přidejte šafrán nebo kurkumu a nechte směs 5 minut louhovat.
j) Do 14palcové pánve na paellu nebo velké hluboké pánve odolné vůči troubě naaranžujte rýži, kuře, klobásu nebo šunku a sofrito.
k) Přilijte připravený vývar, za stálého míchání přiveďte tekutinu k varu na prudkém ohni a ihned stáhněte pánev z plotny.
l) Uložte mušle do pánve a pečte paellu na dně trouby po dobu 25 minut. Během vaření paellu nemíchejte. Pokud je směs suchá, přidejte další vývar.
m) Přidejte hrášek a pečte paellu dalších 10 minut, nebo dokud se tekutina nevstřebá a slávky se neotevřou.
n) Před podáváním nechte paellu přikrytou utěrkou 5 minut odstát.
o) Paellu podávejte v misce ozdobenou koriandrem a kolečky citronu.

26. Krůtí a zeleninová paella

SLOŽENÍ:
- 2 šálky rýže Arborio
- 1 libra mletého krocana
- 1 cibule, nakrájená nadrobno
- 3 stroužky česneku, nasekané
- 1 zelená paprika, nakrájená na kostičky
- 1 cuketa, nakrájená na plátky
- 1 šálek cherry rajčat, napůl
- 4 šálky kuřecího vývaru
- 1 lžička papriky
- Špetka šafránových nití
- Sůl a pepř na dochucení
- 1/4 šálku olivového oleje

INSTRUKCE:
a) V pánvi na paellu rozehřejte na středním plameni olivový olej. Přidejte nakrájenou cibuli a česnek; restujeme do změknutí.
b) Přidejte mletou krůtu a vařte do zhnědnutí.
c) Vmíchejte rýži Arborio, obalte ji v oleji a promíchejte s krůtou.
d) Přidejte na kostičky nakrájenou zelenou papriku, nakrájenou cuketu a cherry rajčata. Zalijte kuřecím vývarem.
e) Dochutíme paprikou, šafránovými nitěmi, solí a pepřem.
f) Vařte, dokud není rýže téměř hotová. Pánev přikryjeme a necháme dusit, dokud není rýže zcela uvařená.
g) Podávejte horké.

27. Kachní a houbová paella

SLOŽENÍ:
- 2 šálky rýže Calasparra
- 1 libra kachních stehýnek, kůže
- 1 cibule, nakrájená nadrobno
- 3 stroužky česneku, nasekané
- 1 šálek lesních hub, nakrájených na plátky
- 1 červená paprika, nakrájená na kostičky
- 4 šálky kuřecího vývaru
- 1 lžička tymiánu
- Špetka šafránových nití
- Sůl a pepř na dochucení
- 1/4 šálku olivového oleje

INSTRUKCE:
a) V pánvi na paellu rozehřejte na středním plameni olivový olej. Přidejte nakrájenou cibuli a česnek; restujeme do změknutí.
b) Přidejte kachní stehýnka a opékejte ze všech stran dohněda.
c) Vmícháme rýži Calasparra, obalíme v oleji a smícháme s kachnou.
d) Přidejte nakrájené lesní houby a na kostičky nakrájenou červenou papriku. Zalijte kuřecím vývarem.
e) Dochutíme tymiánem, šafránovými nitěmi, solí a pepřem.
f) Vařte, dokud není rýže téměř hotová. Pánev přikryjeme a necháme dusit, dokud není rýže zcela uvařená.
g) Podávejte horké.

28. Cornish slepice a chorizo paella

SLOŽENÍ:
- 2 šálky rýže Valencia
- 2 Cornish slepice, nakrájené na kousky
- 1/2 libry chorizo klobásy, nakrájené na plátky
- 1 cibule, nakrájená nadrobno
- 3 stroužky česneku, nasekané
- 1 červená paprika, nakrájená na plátky
- 1 šálek mraženého hrášku
- 4 šálky kuřecího vývaru
- 1 lžička papriky
- Špetka šafránových nití
- Sůl a pepř na dochucení
- 1/4 šálku olivového oleje

INSTRUKCE:
a) V pánvi na paellu rozehřejte na středním plameni olivový olej. Přidejte nakrájenou cibuli a česnek; restujeme do změknutí.
b) Přidejte kousky cornwallské slepice a chorizo; vařte, dokud kuře ze všech stran nezhnědne.
c) Vmíchejte valencijskou rýži, obalte ji v oleji a smíchejte s kuřecím masem a chorizem.
d) Přidejte nakrájenou červenou papriku a mražený hrášek. Zalijte kuřecím vývarem.
e) Dochutíme paprikou, šafránovými nitěmi, solí a pepřem.
f) Vařte, dokud není rýže téměř hotová. Pánev přikryjeme a necháme dusit, dokud není rýže zcela uvařená.
g) Podávejte horké.

29. Turecko a paella z mořských plodů

SLOŽENÍ:
- 2 šálky rýže Arborio
- 1 libra mletého krocana
- 1/2 libry smíšené mořské plody (krevety, mušle, chobotnice)
- 1 cibule, nakrájená nadrobno
- 3 stroužky česneku, nasekané
- 1 červená paprika, nakrájená na plátky
- 1 rajče, nakrájené na kostičky
- 4 šálky kuřecího nebo rybího vývaru
- 1 lžička uzené papriky
- 1/2 lžičky šafránových nití
- Sůl a pepř na dochucení
- 1/4 šálku olivového oleje

INSTRUKCE:
a) V pánvi na paellu rozehřejte na středním plameni olivový olej. Přidejte nakrájenou cibuli a česnek; restujeme do změknutí.
b) Přidejte mletou krůtu a vařte do zhnědnutí.
c) Vmíchejte rýži Arborio, obalte ji v oleji a promíchejte s krůtou.
d) Přidejte na kostičky nakrájená rajčata a nakrájenou červenou papriku. Zalijte kuřecím nebo rybím vývarem.
e) Dochutíme uzenou paprikou, šafránovými nitěmi, solí a pepřem.
f) Na rýži položte rozmixované mořské plody a vařte, dokud není rýže téměř hotová.
g) Pánev přikryjeme a necháme dusit, dokud není rýže zcela uvařená.
h) Podávejte horké.

ZVĚŘINA MASO PAELLA

30. Paella ze zvěřiny a divokých hub

SLOŽENÍ:
- 2 šálky rýže Bomba
- 1 libra zvěřiny, kostky
- 1 cibule, nakrájená nadrobno
- 3 stroužky česneku, nasekané
- 1 šálek smíchaných lesních hub, nakrájených na plátky
- 1 červená paprika, nakrájená na kostičky
- 4 hrnky zvěřinového nebo hovězího vývaru
- 1 lžička uzené papriky
- Špetka šafránových nití
- Sůl a pepř na dochucení
- 1/4 šálku olivového oleje

INSTRUKCE:
a) V pánvi na paellu rozehřejte na středním plameni olivový olej. Přidejte nakrájenou cibuli a česnek; restujeme do změknutí.
b) Přidáme zvěřinu nakrájenou na kostičky a opečeme ze všech stran dohněda.
c) Vmícháme rýži Bomba, obalíme v oleji a smícháme se zvěřinou.
d) Přidejte nakrájené lesní houby a na kostičky nakrájenou červenou papriku. Zalijeme zvěřinovým nebo hovězím vývarem.
e) Dochutíme uzenou paprikou, šafránovými nitěmi, solí a pepřem.
f) Vařte, dokud není rýže téměř hotová. Pánev přikryjeme a necháme dusit, dokud není rýže zcela uvařená.
g) Podávejte horké.

31. Divoké prase a chorizo paella

SLOŽENÍ:

- 2 šálky rýže Calasparra
- 1 libra divočáka, nakrájená na kostičky
- 1/2 libry chorizo klobásy, nakrájené na plátky
- 1 cibule, nakrájená nadrobno
- 3 stroužky česneku, nasekané
- 1 zelená paprika, nakrájená na plátky
- 4 šálky zvěřiny nebo hovězího vývaru
- 1 lžička papriky
- Špetka šafránových nití
- Sůl a pepř na dochucení
- 1/4 šálku olivového oleje

INSTRUKCE:

a) V pánvi na paellu rozehřejte na středním plameni olivový olej. Přidejte nakrájenou cibuli a česnek; restujeme do změknutí.
b) Přidejte na kostičky nakrájené divoké prase a chorizo; vaříme, dokud maso nezhnědne.
c) Vmícháme rýži Calasparra, obalíme v oleji a promícháme s masem.
d) Přidejte nakrájenou zelenou papriku. Zalijeme zvěřinou nebo hovězím vývarem.
e) Dochutíme paprikou, šafránovými nitěmi, solí a pepřem.
f) Vařte, dokud není rýže téměř hotová. Pánev přikryjeme a necháme dusit, dokud není rýže zcela uvařená.
g) Podávejte horké.

32. Bažant a zeleninová paella

SLOŽENÍ:

- 2 šálky rýže Arborio
- 1 libra bažantího masa, vykostěného a nakrájeného na kostičky
- 1 cibule, nakrájená nadrobno
- 3 stroužky česneku, nasekané
- 1 žlutá paprika, nakrájená na kostičky
- 1 šálek zelených fazolek, oříznutých a rozpůlených
- 4 šálky kuřecího nebo zvěřinového vývaru
- 1 lžička tymiánu
- Špetka šafránových nití
- Sůl a pepř na dochucení
- 1/4 šálku olivového oleje

INSTRUKCE:

a) V pánvi na paellu rozehřejte na středním plameni olivový olej. Přidejte nakrájenou cibuli a česnek; restujeme do změknutí.
b) Přidáme na kostičky nakrájené bažantí maso a vaříme do zhnědnutí.
c) Vmícháme rýži Arborio, obalíme v oleji a promícháme s bažantem.
d) Přidejte na kostičky nakrájenou žlutou papriku a rozpůlené zelené fazolky. Zalijte kuřecím nebo zvěřinovým vývarem.
e) Dochutíme tymiánem, šafránovými nitěmi, solí a pepřem.
f) Vařte, dokud není rýže téměř hotová. Pánev přikryjeme a necháme dusit, dokud není rýže zcela uvařená.
g) Podávejte horké.

33. Paella z losa a chřestu

SLOŽENÍ:

- 2 šálky krátkozrnné rýže
- 1 libra losího masa nakrájeného na tenké plátky
- 1 cibule, nakrájená nadrobno
- 3 stroužky česneku, nasekané
- 1 červená paprika, nakrájená na plátky
- 1 šálek chřestu, oříznutého a nakrájeného na kousky
- 4 šálky zvěřiny nebo hovězího vývaru
- 1 lžička uzené papriky
- Špetka šafránových nití
- Sůl a pepř na dochucení
- 1/4 šálku olivového oleje

INSTRUKCE:

a) V pánvi na paellu rozehřejte na středním plameni olivový olej. Přidejte nakrájenou cibuli a česnek; restujeme do změknutí.
b) Přidáme nakrájené losí maso a vaříme do zhnědnutí.
c) Vmícháme krátkozrnnou rýži, obalíme v oleji a smícháme s losem.
d) Přidejte nakrájenou červenou papriku a chřest. Zalijeme zvěřinou nebo hovězím vývarem.
e) Dochutíme uzenou paprikou, šafránovými nitěmi, solí a pepřem.
f) Vařte, dokud není rýže téměř hotová. Pánev přikryjeme a necháme dusit, dokud není rýže zcela uvařená.
g) Podávejte horké.

34. Bizon a zeleninová paella

SLOŽENÍ:
- 2 šálky rýže Bomba
- 1 libra bizoního masa, nakrájeného na kostičky
- 1 cibule, nakrájená nadrobno
- 3 stroužky česneku, nasekané
- 1 žlutá paprika, nakrájená na kostičky
- 1 cuketa, nakrájená na plátky
- 4 šálky bizona nebo hovězího vývaru
- 1 lžička papriky
- Špetka šafránových nití
- Sůl a pepř na dochucení
- 1/4 šálku olivového oleje

INSTRUKCE:
a) V pánvi na paellu rozehřejte na středním plameni olivový olej. Přidejte nakrájenou cibuli a česnek; restujeme do změknutí.
b) Přidáme na kostičky nakrájené maso bizona a vaříme do zhnědnutí.
c) Vmícháme rýži Bomba, obalíme v oleji a promícháme s bizony.
d) Přidejte na kostičky nakrájenou žlutou papriku a nakrájenou cuketu. Zalijeme bizoním nebo hovězím vývarem.
e) Dochutíme paprikou, šafránovými nitěmi, solí a pepřem.
f) Vařte, dokud není rýže téměř hotová. Pánev přikryjeme a necháme dusit, dokud není rýže zcela uvařená.
g) Podávejte horké.

35. Divoká kachna a kaštanová paella

SLOŽENÍ:

- 2 šálky rýže Calasparra
- 1 libra prsou divoké kachny, nakrájená na tenké plátky
- 1 cibule, nakrájená nadrobno
- 3 stroužky česneku, nasekané
- 1 šálek kaštanů, oloupaných a nakrájených na plátky
- 1 červená paprika, nakrájená na kostičky
- 4 šálky zvěřiny nebo kuřecího vývaru
- 1 lžička tymiánu
- Špetka šafránových nití
- Sůl a pepř na dochucení
- 1/4 šálku olivového oleje

INSTRUKCE:

a) V pánvi na paellu rozehřejte na středním plameni olivový olej. Přidejte nakrájenou cibuli a česnek; restujeme do změknutí.
b) Přidejte nakrájená prsa z divoké kachny a vařte do zhnědnutí.
c) Vmícháme rýži Calasparra, obalíme v oleji a smícháme s kachnou.
d) Přidejte nakrájené kaštany a na kostičky nakrájenou červenou papriku. Zalijeme zvěřinou nebo kuřecím vývarem.
e) Dochutíme tymiánem, šafránovými nitěmi, solí a pepřem.
f) Vařte, dokud není rýže téměř hotová. Pánev přikryjeme a necháme dusit, dokud není rýže zcela uvařená.
g) Podávejte horké.

36. Křepelka a squashová paella

SLOŽENÍ:

- 2 šálky rýže Bomba
- 1 libra křepelky, půlená
- 1 cibule, nakrájená nadrobno
- 3 stroužky česneku, nasekané
- 1 šálek máslové dýně, nakrájené na kostičky
- 1 žlutá paprika, nakrájená na plátky
- 4 šálky zvěřiny nebo kuřecího vývaru
- 1 lžička uzené papriky
- Špetka šafránových nití
- Sůl a pepř na dochucení
- 1/4 šálku olivového oleje

INSTRUKCE:

a) V pánvi na paellu rozehřejte na středním plameni olivový olej. Přidejte nakrájenou cibuli a česnek; restujeme do změknutí.
b) Přidejte půlky křepelek a vařte ze všech stran dohněda.
c) Vmícháme rýži Bomba, obalíme v oleji a smícháme s křepelkou.
d) Přidejte na kostičky nakrájenou máslovou dýni a nakrájenou žlutou papriku. Zalijeme zvěřinou nebo kuřecím vývarem.
e) Dochutíme uzenou paprikou, šafránovými nitěmi, solí a pepřem.
f) Vařte, dokud není rýže téměř hotová. Pánev přikryjeme a necháme dusit, dokud není rýže zcela uvařená.
g) Podávejte horké.

37. Divoké krůtí a brusinková paella

SLOŽENÍ:
- 2 šálky rýže Arborio
- 1 libra divokého krocana, nakrájeného na kostičky
- 1 cibule, nakrájená nadrobno
- 3 stroužky česneku, nasekané
- 1 šálek brusinek, čerstvých nebo sušených
- 1 zelená paprika, nakrájená na kostičky
- 4 šálky zvěřiny nebo krůtího vývaru
- 1 lžička tymiánu
- Špetka šafránových nití
- Sůl a pepř na dochucení
- 1/4 šálku olivového oleje

INSTRUKCE:
a) V pánvi na paellu rozehřejte na středním plameni olivový olej. Přidejte nakrájenou cibuli a česnek; restujeme do změknutí.
b) Přidejte na kostičky nakrájenou divokou krůtu a vařte do zhnědnutí.
c) Vmíchejte rýži Arborio, obalte ji v oleji a promíchejte s krůtou.
d) Přidejte brusinky a na kostičky nakrájenou zelenou papriku. Zalijeme vývarem ze zvěřiny nebo krůtího masa.
e) Dochutíme tymiánem, šafránovými nitěmi, solí a pepřem.
f) Vařte, dokud není rýže téměř hotová. Pánev přikryjeme a necháme dusit, dokud není rýže zcela uvařená.
g) Podávejte horké.

38. Bizon a kukuřičná paella

SLOŽENÍ:

- 2 šálky krátkozrnné rýže
- 1 libra bizoního masa nakrájeného na tenké plátky
- 1 cibule, nakrájená nadrobno
- 3 stroužky česneku, nasekané
- 1 šálek kukuřičných zrn
- 1 červená paprika, nakrájená na kostičky
- 4 šálky bizona nebo hovězího vývaru
- 1 lžička papriky
- Špetka šafránových nití
- Sůl a pepř na dochucení
- 1/4 šálku olivového oleje

INSTRUKCE:

a) V pánvi na paellu rozehřejte na středním plameni olivový olej. Přidejte nakrájenou cibuli a česnek; restujeme do změknutí.
b) Přidáme nakrájené bizoní maso a vaříme do zhnědnutí.
c) Vmícháme krátkozrnnou rýži, obalíme v oleji a promícháme s bizony.
d) Přidejte kukuřičná zrna a na kostičky nakrájenou červenou papriku. Zalijeme bizoním nebo hovězím vývarem.
e) Dochutíme paprikou, šafránovými nitěmi, solí a pepřem.
f) Vařte, dokud není rýže téměř hotová. Pánev přikryjeme a necháme dusit, dokud není rýže zcela uvařená.
g) Podávejte horké.

39. Králičí a třešňová paella

SLOŽENÍ:

- 2 šálky rýže Valencia
- 1 libra králičího masa, nakrájená na kousky
- 1 cibule, nakrájená nadrobno
- 3 stroužky česneku, nasekané
- 1 šálek třešní, vypeckovaných a rozpůlených
- 1 žlutá paprika, nakrájená na plátky
- 4 šálky zvěřiny nebo kuřecího vývaru
- 1 lžička uzené papriky
- Špetka šafránových nití
- Sůl a pepř na dochucení
- 1/4 šálku olivového oleje

INSTRUKCE:

a) V pánvi na paellu rozehřejte na středním plameni olivový olej. Přidejte nakrájenou cibuli a česnek; restujeme do změknutí.
b) Přidejte kousky králíka a opékejte ze všech stran dohněda.
c) Vmíchejte valencijskou rýži, obalte ji v oleji a promíchejte s králíkem.
d) Přidejte rozpůlené třešně a nakrájenou žlutou papriku. Zalijeme zvěřinou nebo kuřecím vývarem.
e) Dochutíme uzenou paprikou, šafránovými nitěmi, solí a pepřem.
f) Vařte, dokud není rýže téměř hotová. Pánev přikryjeme a necháme dusit, dokud není rýže zcela uvařená.
g) Podávejte horké.

40. Křepelka a houbová paella

SLOŽENÍ:
- 2 šálky rýže Calasparra
- 1 libra křepelky, půlená
- 1 cibule, nakrájená nadrobno
- 3 stroužky česneku, nasekané
- 1 šálek smíchaných hub, nakrájených na plátky
- 1 žlutá paprika, nakrájená na kostičky
- 4 šálky kuřecího vývaru
- 1 lžička tymiánu
- Špetka šafránových nití
- Sůl a pepř na dochucení
- 1/4 šálku olivového oleje

INSTRUKCE:
a) V pánvi na paellu rozehřejte na středním plameni olivový olej. Přidejte nakrájenou cibuli a česnek; restujeme do změknutí.
b) Přidejte půlky křepelek a vařte ze všech stran dohněda.
c) Vmícháme rýži Calasparra, obalíme v oleji a smícháme s křepelkou.
d) Přidejte nakrájené mixované houby a na kostičky nakrájenou žlutou papriku. Zalijte kuřecím vývarem.
e) Dochutíme tymiánem, šafránovými nitěmi, solí a pepřem.
f) Vařte, dokud není rýže téměř hotová. Pánev přikryjeme a necháme dusit, dokud není rýže zcela uvařená.
g) Podávejte horké.

41. Králičí a zeleninová paella

SLOŽENÍ:
- 2 šálky rýže Bomba
- 1 libra králičího masa, nakrájená na kousky
- 1 cibule, nakrájená nadrobno
- 3 stroužky česneku, nasekané
- 1 zelená paprika, nakrájená na kostičky
- 1 šálek artyčokových srdíček, nakrájených na čtvrtky
- 4 šálky kuřecího vývaru
- 1 lžička uzené papriky
- Špetka šafránových nití
- Sůl a pepř na dochucení
- 1/4 šálku olivového oleje

INSTRUKCE:
a) V pánvi na paellu rozehřejte na středním plameni olivový olej. Přidejte nakrájenou cibuli a česnek; restujeme do změknutí.
b) Přidejte kousky králíka a opékejte ze všech stran dohněda.
c) Vmícháme rýži Bomba, obalíme v oleji a smícháme s králíkem.
d) Přidejte na kostičky nakrájenou zelenou papriku a artyčoková srdce nakrájená na čtvrtky. Zalijte kuřecím vývarem.
e) Dochutíme uzenou paprikou, šafránovými nitěmi, solí a pepřem.
f) Vařte, dokud není rýže téměř hotová. Pánev přikryjeme a necháme dusit, dokud není rýže zcela uvařená.
g) Podávejte horké.

42. Kuře, králík a chorizo Paella

SLOŽENÍ:

- 2 šálky rýže Bomba
- 4 šálky kuřecího vývaru
- 1 libra kuřecích stehen bez kosti a kůže
- 1 libra králíka, nakrájená na kousky
- ½ libry chorizo klobásy, nakrájené na plátky
- 1 cibule, nakrájená nadrobno
- 3 stroužky česneku, nasekané
- 1 červená paprika, nakrájená na plátky
- 1 rajče, nastrouhané
- 1 lžička uzené papriky
- ½ lžičky šafránových nití
- Sůl a pepř na dochucení
- Olivový olej na vaření
- Čerstvá petrželka na ozdobu
- Klínky citronu k podávání

INSTRUKCE:

a) V malé misce smíchejte šafránové nitě s několika lžícemi teplé vody. Nechte to strmé.
b) Kuřecí stehna a kousky králíka osolíme a opepříme. Ve velké pánvi na paellu rozehřejte olivový olej na středně vysokou teplotu. Kuře a králíka opečte ze všech stran.
c) Přidejte plátky chorizo a restujte, dokud nepustí olej.
d) Vmícháme cibuli, česnek a červenou papriku. Vaříme, dokud zelenina nezměkne.
e) Přidejte nastrouhané rajče, uzenou papriku a šafránovou směs. Vařte několik minut.
f) Rýži rovnoměrně rozprostřete na pánev a zalijte kuřecím vývarem.
g) Necháme bez míchání dusit, dokud se rýže neuvaří a tekutina nevsákne.
h) Ozdobte čerstvou petrželkou a podávejte s měsíčky citronu.

TĚSTOVINY PAELLA

43. Paella Primavera

SLOŽENÍ:

- 2 ½ lžičky olivového oleje
- 1 šálek nakrájené červené papriky
- 1 šálek na tenké plátky nakrájené zelené cibule
- 3 šálky zeleninového vývaru s nízkým obsahem sodíku
- 1 lžíce mletého česneku (3 stroužky)
- 1 lžička rozdrcených šafránových nití
- 1 šálek krátkozrnné bílé rýže, jako je Valencia
- 3 šálky růžičky brokolice
- 1 šálek čerstvého nebo mraženého dětského hrášku
- 1 šálek rozpůlených hroznů nebo cherry rajčat
- 12 rozpůlených zelených oliv bez pecky
- 12 půlených vypeckovaných černých oliv (volitelně)
- Klínky citronu
- ¼ šálku nasekané čerstvé petrželky

INSTRUKCE:

a) Zahřejte olivový olej na velké nepřilnavé pánvi na střední teplotu. Přidejte papriku a zelenou cibulku a vařte 5 minut.

b) Vmíchejte zeleninový vývar, česnek a šafrán a poté přiveďte k varu.

c) K ingrediencím přisypte rýži, snižte plamen na středně nízký a přikryté vařte 10 minut.

d) K rýži přisypeme brokolici, hrášek, rajčata a olivy. Pánev zakryjte a paellu vařte 8 minut, nebo dokud rýže nezměkne.

e) Odstraňte z ohně a nechte přikryté 5 minut odpočívat. Podle potřeby dochuťte solí a pepřem.

f) Při podávání naberte paellu do 6 misek a každou ozdobte kolečky citronu a petrželkou.

44. Těstovinová paella s škeblemi a pikantní klobásou

SLOŽENÍ:

- 1 střední cuketa
- 4 švestková rajčata
- 1 střední cibule
- 2 stroužky česneku
- 2 lžíce olivového oleje
- 6 uncí Fideos (španělské sušené svinuté nudlové špagety nalámané na 2palcové kousky) nebo tenké nudle (6 uncí)
- ¼ libry horké italské klobásy
- 1 ¼ šálku vody
- ¾ šálku suchého bílého vína
- 12 malých škeblí s tvrdou skořápkou, jako jsou malé krky (méně než 2 palce na délku)
- 1 lžíce nasekané čerstvé petrželové natě

INSTRUKCE:

a) Nakrájejte cuketu a rajčata na ½-palcové kousky, zeleninu udržujte odděleně. Nakrájejte cibuli a nasekejte česnek.

b) V těžkém kotli zahřejte olivový olej na středně vysoké teplotě, dokud nebude horký, ale nebude se z něj kouřit. Neuvařené těstoviny opékejte za občasného obracení, dokud nezezlátnou, asi 2 minuty. Pomocí děrované lžíce přendejte těstoviny do misky.

c) Ve stejném kotli se zbylým olejem orestujte cuketu se solí podle chuti, občas promíchejte, dokud nezhnědne, asi 3 minuty. Přesuňte cuketu do jiné mísy.

d) Do kotlíku vymačkejte klobásu ze střívek a přidejte nakrájenou cibuli a prolisovaný česnek. Směs restujte za míchání a nalámání klobásy, dokud nezhnědne, asi 5 minut.

e) Přidejte nakrájená rajčata, vodu a bílé víno do konvice a přiveďte směs k varu.

f) Přidejte restované těstoviny a škeble. Vařte odkryté za občasného míchání asi 8 minut, nebo dokud se škeble neotevřou a těstoviny nebudou al dente. Zlikvidujte všechny neotevřené škeble.

g) Vmícháme orestovanou cuketu a nasekanou petrželku a vaříme, dokud se neprohřeje.

45. Španělská nudlová paella (Fideuà)

SLOŽENÍ:
- 10 uncí Tlusté špagety nebo bucatini
- 2 lžíce olivového oleje
- 1 střední cibule, jemně nakrájená
- 2 stroužky česnek, mletý
- 3 velká zralá rajčata, oloupaná, zbavená semínek a nakrájená nadrobno
- 1 lžička sladké papriky
- 12 malých škeblí nebo mušlí, vydrhnutých pod studenou vodou
- 6 uncí krevety, oloupané a zbavené
- 6 uncí hřebenatek (velké nakrájené na čtvrtiny; malé nakrájené na polovinu nebo ponechané celé)
- 8 uncí ďasa nebo jiné pevné bílé ryby, nakrájené na diagonále na ½-palcové plátky (upravte množství podle potřeby)
- 3 šálky Rybí nebo kuřecí vývar, lahvový vývar ze škeblí nebo podle potřeby
- ¼ lžičky šafránových nití namočených v 1 lžíci teplé vody
- Sůl a čerstvě mletý černý pepř podle chuti
- 2 lžíce nasekané čerstvé petrželky na ozdobu

INSTRUKCE:
a) Rozbijte tlusté špagety nebo bucatini na 1-palcové kousky, držte několik pramenů najednou a dejte je stranou.
b) V pánvi na paella nebo velké pánvi rozehřejte olivový olej. Přidejte najemno nakrájenou cibuli a nasekaný česnek a vařte na středním plameni, dokud nezměknou a nezhnědnou, asi 4 minuty.
c) Vmícháme oloupaná, semínka zbavená a nadrobno nakrájená rajčata a sladkou papriku. Vařte, dokud se všechna tekutina z rajčat neodpaří, což by mělo trvat asi 5 minut.
d) Přidejte škeble, krevety, mušle a ďasa a restujte 1 minutu. Poté přidejte 2-½ šálku rybího vývaru a šafrán, který byl namočený v teplé vodě. Přiveďte k varu.
e) Vmícháme nalámané těstoviny a vrátíme je k varu. Snižte plamen a zvolna vařte, dokud nejsou těstoviny uvařené, což bude trvat přibližně 15 až 20 minut. Občas promíchejte.
f) Pokud se směs před úplným uvařením těstovin příliš vysuší, přidejte zbývající vývar. Dochuťte solí a pepřem podle chuti.
g) Pokrm posypeme nasekanou čerstvou petrželkou a ihned podáváme.

46. Těstoviny z měkkýšů ve stylu paella

SLOŽENÍ:
- 2 hrnky kuřecího vývaru
- ¾ šálku suchého bílého vína
- ½ lžičky rozdrobených šafránových nití
- 3 lžíce olivového oleje
- 6 uncí Fideos (tenké španělské nudle v závitcích) nebo tenké špagety, nalámané na 2-palcové délky
- 6 velkých krevet (16 až 20 na libru), vyloupaných
- 6 velkých mořských mušlí
- 6 novozélandských srdcovek nebo manilských škeblí, vydrhnutých
- ½ (9 uncí) balení mražených artyčokových srdíček, rozmražených
- 1 lžička mleté čerstvé pažitky

INSTRUKCE:
a) Předehřejte troubu na 400 °F (200 °C).
b) V hrnci přiveďte k varu kuřecí vývar a bílé víno a poté vmíchejte šafrán. Směs udržujte vařit.
c) V těžké pánvi odolné vůči troubě o rozměru 8 palců přes dno zahřejte olivový olej na středně vysokém ohni, dokud není horký, ale nekouří. Nevařené těstoviny opékejte za stálého míchání, dokud nezezlátnou, asi 2 minuty.
d) Těstoviny zalijeme vařící vývarovou směsí a 5 minut dusíme.
e) Srdíčka z měkkýšů a artyčoků vložte do těstovin a pečte odkryté uprostřed trouby, dokud se tekutina nezredukuje na sirupovou polevu (těstoviny by měly být jemné, ale navrchu křupavé), asi 20 minut.
f) Těstoviny posypeme mletou pažitkou.

47. Paella s kuřecím masem a chorizo těstovinami

SLOŽENÍ:
- 8 uncí těstovin penne
- 1 libra kuřecích prsou, nakrájených na kostičky
- ½ libry chorizo, nakrájené na plátky
- 1 cibule, nakrájená nadrobno
- 2 stroužky česneku, mleté
- 1 červená paprika, nakrájená na kostičky
- 1 lžička uzené papriky
- ½ lžičky šafránových nití (volitelně)
- 2 hrnky kuřecího vývaru
- Sůl a pepř na dochucení
- Olivový olej na vaření
- Čerstvá petrželka na ozdobu

INSTRUKCE:
a) Těstoviny penne uvaříme podle návodu na obalu. Sceďte a dejte stranou.
b) Ve velké pánvi rozehřejte olivový olej na středním plameni. Přidejte na kostičky nakrájené kuře a chorizo. Vařte do zhnědnutí.
c) Přidejte cibuli, česnek a papriku. Restujeme, dokud zelenina nezměkne.
d) Vmíchejte uzenou papriku a šafránové nitě (pokud používáte).
e) Zalijeme kuřecím vývarem a necháme pár minut povařit.
f) Přidejte uvařené těstoviny do pánve a míchejte, dokud nejsou dobře pokryté.
g) Dochuťte solí a pepřem podle chuti. Před podáváním ozdobte čerstvou petrželkou.

48. Zeleninové a houbové těstoviny paella

SLOŽENÍ:
- 8 uncí fettuccine nebo vašich oblíbených těstovin
- 1 šálek žampionů, nakrájených na plátky
- 1 cuketa, nakrájená na kostičky
- 1 červená paprika, nakrájená na kostičky
- 1 cibule, nakrájená nadrobno
- 2 stroužky česneku, mleté
- 1 lžička uzené papriky
- ½ lžičky šafránových nití (volitelně)
- 2 hrnky zeleninového vývaru
- Sůl a pepř na dochucení
- Olivový olej na vaření
- Čerstvá petrželka na ozdobu

INSTRUKCE:
a) Uvařte fettuccine podle návodu na obalu. Sceďte a dejte stranou.
b) Ve velké pánvi rozehřejte olivový olej na středním plameni. Přidejte cibuli, česnek, houby, cuketu a papriku. Restujeme, dokud zelenina nezměkne.
c) Vmíchejte uzenou papriku a šafránové nitě (pokud používáte).
d) Zalijeme zeleninovým vývarem a necháme pár minut povařit.
e) Přidejte uvařené těstoviny na pánev a míchejte, dokud se dobře nespojí.
f) Dochuťte solí a pepřem podle chuti. Před podáváním ozdobte čerstvou petrželkou.

49. Krevety a Chorizo Orzo Paella

SLOŽENÍ:
- 8 uncí těstovin orzo
- 1 libra velkých krevet, oloupaných a zbavených žilek
- ½ libry chorizo, nakrájené na plátky
- 1 cibule, nakrájená nadrobno
- 2 stroužky česneku, mleté
- 1 červená paprika, nakrájená na kostičky
- 1 lžička uzené papriky
- ½ lžičky šafránových nití (volitelně)
- 2 hrnky kuřecího vývaru
- Sůl a pepř na dochucení
- Olivový olej na vaření
- Čerstvá petrželka na ozdobu

INSTRUKCE:
a) Orzo těstoviny uvařte podle návodu na obalu. Sceďte a dejte stranou.
b) Ve velké pánvi rozehřejte olivový olej na středním plameni. Přidejte chorizo a vařte do zhnědnutí.
c) Přidejte cibuli, česnek a papriku. Restujeme, dokud zelenina nezměkne.
d) Vmíchejte uzenou papriku a šafránové nitě (pokud používáte).
e) Do pánve přidejte krevety a vařte, dokud nezrůžoví.
f) Zalijeme kuřecím vývarem a necháme pár minut povařit.
g) Přidejte uvařené těstoviny orzo a míchejte, dokud nejsou dobře obalené. Dochuťte solí a pepřem.
h) Před podáváním ozdobte čerstvou petrželkou.

50. s kuřecím masem a zelenými fazolkami

SLOŽENÍ:
- 8 uncí linguine nebo Conchiglie
- 1 libra vykostěných kuřecích stehen bez kůže, nakrájená na kostičky
- 1 cibule, nakrájená nadrobno
- 2 stroužky česneku, mleté
- 1 šálek cherry rajčat, napůl
- 1 šálek zelených fazolek, nakrájených
- ½ lžičky šafránových nití
- 2 hrnky kuřecího vývaru
- Sůl a pepř na dochucení
- Olivový olej na vaření
- Čerstvá bazalka na ozdobu

INSTRUKCE:
a) Linguine uvařte podle návodu na obalu. Sceďte a dejte stranou.
b) Ve velké pánvi rozehřejte olivový olej na středním plameni. Přidejte cibuli a česnek. Dusíme do změknutí.
c) Přidejte na kostičky nakrájené kuřecí maso a vařte do zhnědnutí.
d) Vmíchejte cherry rajčata a zelené fazolky.
e) Přidejte šafránové nitě do kuřecího vývaru a nalijte směs do pánve. Vařte několik minut.
f) Přidejte vařené linguine a míchejte, dokud se dobře nespojí. Dochuťte solí a pepřem.
g) Před podáváním ozdobte čerstvou bazalkou.

51. Penne paella se špenátem a artyčoky

SLOŽENÍ:

- 8 uncí těstovin penne
- 1 plechovka artyčokových srdíček, okapaná a nakrájená
- 2 šálky čerstvého špenátu
- 1 cibule, nakrájená nadrobno
- 2 stroužky česneku, mleté
- 1 červená paprika, nakrájená na kostičky
- 1 lžička uzené papriky
- ½ lžičky šafránových nití (volitelně)
- 2 hrnky zeleninového vývaru
- Sůl a pepř na dochucení
- Olivový olej na vaření
- Strouhaný parmazán na ozdobu

INSTRUKCE:

a) Těstoviny penne uvaříme podle návodu na obalu. Sceďte a dejte stranou.
b) Ve velké pánvi rozehřejte olivový olej na středním plameni. Přidejte cibuli, česnek a papriku. Restujeme, dokud zelenina nezměkne.
c) Vmíchejte uzenou papriku a šafránové nitě (pokud používáte).
d) Do pánve přidejte artyčoková srdce a čerstvý špenát. Vařte, dokud špenát nezvadne.
e) Zalijeme zeleninovým vývarem a necháme pár minut povařit.
f) Přidejte uvařené těstoviny penne a míchejte, dokud se dobře nepokryjí. Dochuťte solí a pepřem.
g) Před podáváním ozdobte strouhaným parmazánem.

52. Zeleninová paella s orzem

SLOŽENÍ:
- 1 šálek těstovin orzo
- 1 cibule, nakrájená nadrobno
- 3 stroužky česneku, nasekané
- 1 cuketa, nakrájená na kostičky
- 1 červená paprika, nakrájená na plátky
- 1 šálek cherry rajčat, napůl
- 4 šálky zeleninového vývaru
- 1 lžička uzené papriky
- Špetka šafránových nití
- Sůl a pepř na dochucení
- 1/4 šálku olivového oleje

INSTRUKCE:
a) V pánvi na paellu rozehřejte na středním plameni olivový olej. Přidejte nakrájenou cibuli a česnek; restujeme do změknutí.
b) Přidejte orzo těstoviny a vařte, dokud nejsou lehce opečené.
c) Vmíchejte na kostičky nakrájenou cuketu, nakrájenou červenou papriku a rozpůlená cherry rajčata.
d) Zalijte zeleninovým vývarem a šafránovými nitěmi. Dochutíme uzenou paprikou, solí a pepřem.
e) Vařte, dokud orzo nezměkne a nevstřebá chutě zeleniny a vývaru.
f) Pánev zakryjte a před podáváním nechte několik minut odpočinout.

53. Klobása a houby Orzo Paella

SLOŽENÍ:
- 1 šálek těstovin orzo
- 1/2 libry italské klobásy, střívka odstraněná a rozdrobená
- 1 cibule, nakrájená nadrobno
- 3 stroužky česneku, nasekané
- 1 šálek žampionů, nakrájených na plátky
- 1 červená paprika, nakrájená na kostičky
- 4 šálky kuřecího nebo zeleninového vývaru
- 1 lžička sušeného tymiánu
- Sůl a pepř na dochucení
- 1/4 šálku olivového oleje

INSTRUKCE:
a) V pánvi na paellu rozehřejte na středním plameni olivový olej. Přidejte nakrájenou cibuli a česnek; restujeme do změknutí.
b) Přidejte nadrobenou italskou klobásu a vařte do zhnědnutí.
c) Vmícháme orzo těstoviny, obalíme je v oleji a promícháme s klobásou.
d) Přidejte nakrájené houby a na kostičky nakrájenou červenou papriku. Zalijeme kuřecím nebo zeleninovým vývarem.
e) Dochutíme sušeným tymiánem, solí a pepřem.
f) Vařte, dokud orzo nezměkne a nevstřebá chutě klobásy a zeleniny.
g) Pánev zakryjte a před podáváním nechte několik minut odpočinout.

54. Krevety a chřest Orzo Paella

SLOŽENÍ:
- 1 šálek těstovin orzo
- 1/2 libry krevety, oloupané a zbavené
- 1 cibule, nakrájená nadrobno
- 3 stroužky česneku, nasekané
- 1 svazek chřestu, oloupaný a nakrájený na kousky
- 1 šálek cherry rajčat, napůl
- 4 šálky kuřecího nebo zeleninového vývaru
- 1 lžička citronové kůry
- Sůl a pepř na dochucení
- 1/4 šálku olivového oleje

INSTRUKCE:
a) V pánvi na paellu rozehřejte na středním plameni olivový olej. Přidejte nakrájenou cibuli a česnek; restujeme do změknutí.
b) Přidejte orzo těstoviny a vařte, dokud nejsou lehce opečené.
c) Vmíchejte krevety, rozpůlená cherry rajčata a kousky chřestu.
d) Zalijeme kuřecím nebo zeleninovým vývarem. Dochuťte citronovou kůrou, solí a pepřem.
e) Vařte, dokud orzo nezměkne a krevety se neprovaří.
f) Pánev zakryjte a před podáváním nechte několik minut odpočinout.

MASO PAELLA

55. Paella se zelenými rajčaty a slaninou

SLOŽENÍ:
- 6 uncí slaniny, nakrájené na ¼-palcové proužky
- 1 šálek nakrájené cibule
- 1 šálek zelené papriky, nakrájené na ½-palcové kostky
- 2 stroužky česneku, oloupané, nasekané a rozdrcené
- 1 paprička jalapeno, zbavená semínek a nasekaná
- 2 šálky dlouhozrnné rýže (nevařené)
- 2 šálky zbavených jader a hrubě nakrájených zelených rajčat
- 4 šálky kuřecího vývaru
- 1 lžička soli
- ¼ lžičky čerstvě mletého pepře
- 1 lžíce mletého koriandru
- 1 lžíce mleté italské petrželky

INSTRUKCE:
a) Ve velké pánvi nebo pánvi na paellu s těžkým dnem nechte slaninu zhnědnout a nepustit tuk. Vyhoďte všechen tuk kromě 3 polévkových lžic.
b) Vmícháme nakrájenou cibuli, zelenou papriku, česnek a jalapeno. Vařte 7 až 8 minut na středním plameni, dokud zelenina nezvadne.
c) Vmícháme rýži a vaříme ještě 1 minutu.
d) Přidejte zelená rajčata, kuřecí vývar, sůl a pepř. Směs přiveďte k varu.
e) Pánev přikryjte, stáhněte plamen na velmi nízkou teplotu a vařte asi 20 minut, nebo dokud rýže nevsákne všechnu tekutinu.
f) Načechrajte paellu vidličkou a vmíchejte mletý koriandr a italskou petrželku.
g) Před podáváním přikryjte a nechte 5 minut odstát.

56. Slanina a kimchi paella s kuřecím masem

SLOŽENÍ:

- 1 šálek rýže Arborio (nebo jakákoli krátkozrnná rýže vhodná pro paellu)
- 2 vykostěná kuřecí prsa bez kůže, nakrájená na kousky velikosti sousta
- 4-6 plátků slaniny, nakrájené
- 1 šálek kimchi, nakrájené
- 1 cibule, nakrájená nadrobno
- 2 stroužky česneku, nasekané
- 1 červená paprika, nakrájená na plátky
- 1 šálek mraženého hrášku
- 1 lžička papriky
- ½ lžičky uzené papriky (volitelně)
- ¼ lžičky šafránových nití (volitelně)
- 2 hrnky kuřecího vývaru
- ½ šálku bílého vína
- Sůl a černý pepř podle chuti
- 2 lžíce olivového oleje
- Nakrájená čerstvá petrželka na ozdobu

INSTRUKCE:

a) Začněte tím, že šafránové nitě namočíte do 2 polévkových lžic teplé vody a dáte stranou. To pomůže uvolnit jeho chuť a barvu.
b) Ve velké pánvi s plochým dnem nebo pánvi na paellu rozehřejte olivový olej na středně vysokou teplotu. Přidejte nakrájenou slaninu a vařte, dokud nebude křupavá. Vyjměte slaninu z pánve a dejte ji stranou, slaninu nechte v pánvi.
c) Kuřecí kousky ochutíme solí, černým pepřem a paprikou. Do stejné pánve přidejte kuře a vařte, dokud nezhnědne a nepropeče. Vyjměte kuře z pánve a dejte ho stranou.
d) Do stejné pánve přidejte nakrájenou cibuli, česnek a nakrájenou červenou papriku. Opékejte je, dokud cibule nezprůhlední a paprika nezměkne.
e) Přidejte rýži Arborio do pánve a několik minut ji míchejte, aby se rýže lehce opekla.
f) Zalijte bílým vínem a vařte, dokud ho z větší části nevstřebá rýže.
g) Do pánve přidejte nakrájené kimchi a uvařenou slaninu a vše promíchejte.
h) Přidejte šafránové nitě spolu s namáčecí tekutinou, uzenou paprikou (pokud ji používáte) a 1 šálkem kuřecího vývaru. Dobře promíchejte.
i) Paellu dále vařte na středním plameni, podle potřeby přidávejte další kuřecí vývar a občas promíchejte. Rýže by měla absorbovat tekutinu a stát se krémovou, přičemž by si stále měla zachovat mírný říz (al dente). To by mělo trvat asi 15-20 minut.
j) V posledních minutách vaření přidejte zpět do pánve mražený hrášek a vařené kuře. Míchejte, dokud se hrášek neprohřeje.
k) Paellu ochutnejte a podle potřeby dochuťte solí a černým pepřem.
l) Jakmile je rýže zcela uvařená a tekutina je z větší části absorbována, sejměte paellu z ohně a před podáváním ji nechte několik minut odpočinout.
m) Ozdobte nasekanou čerstvou petrželkou a podávejte horkou slaninu a kimchi paellu s kuřecím masem.

57. Paella z hovězího masa a mořských plodů

SLOŽENÍ:
- 2 šálky rýže paella
- 4 šálky hovězího vývaru
- 1 libra hovězí svíčkové nakrájená na tenké plátky
- ½ libry krevety, oloupané a zbavené
- ½ libry mušlí, očištěné
- 1 cibule, nakrájená nadrobno
- 3 stroužky česneku, nasekané
- 1 červená paprika, nakrájená na plátky
- 1 rajče, nakrájené na kostičky
- 1 lžička uzené papriky
- ½ lžičky šafránových nití
- Sůl a pepř na dochucení
- Olivový olej na vaření
- Čerstvá petrželka na ozdobu
- Klínky citronu k podávání

INSTRUKCE:
a) V malé misce smíchejte šafránové nitě s několika lžícemi teplé vody. Nechte to strmé.
b) Hovězí plátky osolíme a opepříme. Ve velké pánvi na paellu rozehřejte olivový olej na středně vysokou teplotu. Hovězí maso opečte do zhnědnutí.
c) Přidejte cibuli, česnek a červenou papriku. Vaříme, dokud zelenina nezměkne.
d) Vmícháme na kostičky nakrájená rajčata, uzenou papriku a šafránovou směs. Vařte několik minut.
e) Rýži rovnoměrně rozprostřete na pánev a zalijte hovězím vývarem.
f) Necháme bez míchání dusit, dokud se rýže neuvaří a tekutina nevsákne.
g) Na rýži položte krevety a mušle a vařte, dokud nejsou mořské plody hotové.
h) Ozdobte čerstvou petrželkou a podávejte s měsíčky citronu.

58. Vepřové maso a chorizo paella

SLOŽENÍ:
- 2 šálky rýže Arborio
- 4 šálky kuřecího vývaru
- 1 libra vepřové panenky, nakrájená na kousky velikosti sousta
- ½ libry chorizo klobásy, nakrájené na plátky
- 1 cibule, nakrájená nadrobno
- 3 stroužky česneku, nasekané
- 1 červená paprika, nakrájená na plátky
- 1 rajče, nakrájené na kostičky
- 1 lžička uzené papriky
- ½ lžičky šafránových nití
- Sůl a pepř na dochucení
- Olivový olej na vaření
- Čerstvá petrželka na ozdobu
- Klínky citronu k podávání

INSTRUKCE:
a) V malé misce smíchejte šafránové nitě s několika lžícemi teplé vody. Nechte to strmé.
b) Kousky vepřového masa osolíme a opepříme. Ve velké pánvi na paellu rozehřejte olivový olej na středně vysokou teplotu. Vepřové maso opečeme ze všech stran.
c) Přidejte plátky chorizo a restujte, dokud nepustí olej.
d) Vmícháme cibuli, česnek a červenou papriku. Vaříme, dokud zelenina nezměkne.
e) Přidejte na kostičky nakrájená rajčata, uzenou papriku a šafránovou směs. Vařte několik minut.
f) Na pánev rovnoměrně rozprostřete rýži Arborio a zalijte kuřecím vývarem.
g) Necháme bez míchání dusit, dokud se rýže neuvaří a tekutina nevsákne.
h) Ozdobte čerstvou petrželkou a podávejte s měsíčky citronu.

59. Jehněčí a zeleninová paella

SLOŽENÍ:
- 2 šálky krátkozrnné rýže
- 4 šálky zeleninového vývaru
- 1 libra jehněčí plec, nakrájená na kostičky
- 1 cibule, nakrájená nadrobno
- 3 stroužky česneku, nasekané
- 1 cuketa, nakrájená na plátky
- 1 červená paprika, nakrájená na kostičky
- 1 šálek zelených fazolek, nakrájených
- 1 lžička uzené papriky
- ½ lžičky šafránových nití
- Sůl a pepř na dochucení
- Olivový olej na vaření
- Čerstvá máta na ozdobu
- Klínky citronu k podávání

INSTRUKCE:
a) V malé misce smíchejte šafránové nitě s několika lžícemi teplé vody. Nechte to strmé.
b) Jehněčí maso osolíme a opepříme. Ve velké pánvi na paellu rozehřejte olivový olej na středně vysokou teplotu. Jehněčí maso opečeme ze všech stran.
c) Přidejte cibuli, česnek, červenou papriku, cuketu a cherry rajčata. Restujeme, dokud zelenina nezměkne.
d) Vmícháme uzenou papriku a šafránovou směs. Vařte několik minut.
e) Rýži Arborio rovnoměrně rozprostřete na pánev a zalijte jehněčím nebo hovězím vývarem.
f) Necháme bez míchání dusit, dokud se rýže neuvaří a tekutina nevsákne.
g) Ozdobte čerstvou mátou a podávejte s měsíčky citronu.

60. Turecko a paella z mořských plodů

SLOŽENÍ:
- 2 šálky rýže Valencia
- 4 šálky krůtího nebo kuřecího vývaru
- 1 libra mletého krocana
- ½ libry chobotnice, očištěné a nakrájené
- ½ kila škeblí
- 1 cibule, nakrájená nadrobno
- 3 stroužky česneku, nasekané
- 1 červená paprika, nakrájená na plátky
- 1 rajče, nakrájené na kostičky
- 1 lžička uzené papriky
- ½ lžičky šafránových nití
- Sůl a pepř na dochucení
- Olivový olej na vaření
- Čerstvá petrželka na ozdobu
- Klínky citronu k podávání

INSTRUKCE:
a) V malé misce smíchejte šafránové nitě s několika lžícemi teplé vody. Nechte to strmé.
b) Ve velké pánvi na paellu rozehřejte olivový olej na středně vysokou teplotu. Osmažte mletého krocana.
c) Přidejte cibuli, česnek, červenou papriku a rajče. Restujeme, dokud zelenina nezměkne.
d) Vmícháme uzenou papriku a šafránovou směs. Vařte několik minut.
e) Valencijskou rýži rovnoměrně rozprostřete na pánev a zalijte krůtím nebo kuřecím vývarem.
f) Necháme bez míchání dusit, dokud se rýže neuvaří a tekutina nevsákne.
g) Na rýži položte chobotnice a škeble a vařte, dokud nejsou mořské plody hotové.
h) Ozdobte čerstvou petrželkou a podávejte s měsíčky citronu.

61. Paella z vepřového masa a mořských plodů

SLOŽENÍ:
- 2 šálky rýže Calasparra
- 1/2 libry vepřové panenky, nakrájené na kousky
- 1/2 libry krevety, oloupané a zbavené
- 1/2 libry mušlí, očištěné
- 1 cibule, nakrájená nadrobno
- 3 stroužky česneku, nasekané
- 1 zelená paprika, nakrájená na plátky
- 1 šálek nakrájených rajčat
- 4 šálky kuřecího nebo vepřového vývaru
- 1 lžička sladké papriky
- Špetka šafránových nití
- Sůl a pepř na dochucení
- 1/4 šálku olivového oleje

INSTRUKCE:
a) V pánvi na paellu rozehřejte na středním plameni olivový olej. Přidejte nakrájenou cibuli a česnek; restujeme do změknutí.
b) Přidejte kousky vepřové panenky a vařte do zhnědnutí.
c) Vmícháme rýži Calasparra, obalíme v oleji a smícháme s vepřovým masem.
d) Přidejte na kostičky nakrájenou zelenou papriku a rajčata. Zalijeme kuřecím nebo vepřovým vývarem.
e) Dochutíme sladkou paprikou, šafránovými nitěmi, solí a pepřem.
f) Na rýži položte krevety a mušle a vařte, dokud není rýže téměř hotová.
g) Pánev přikryjeme a necháme dusit, dokud není rýže zcela uvařená.
h) Podávejte horké.

62. Hovězí a houbová paella

SLOŽENÍ:
- 2 šálky rýže Calasparra
- 1 libra hovězí svíčkové nakrájená na tenké plátky
- 1 cibule, nakrájená nadrobno
- 3 stroužky česneku, nasekané
- 1 šálek smíchaných hub, nakrájených na plátky
- 1 červená paprika, nakrájená na kostičky
- 4 šálky hovězího nebo zeleninového vývaru
- 1 lžička uzené papriky
- Špetka šafránových nití
- Sůl a pepř na dochucení
- 1/4 šálku olivového oleje

INSTRUKCE:
a) V pánvi na paellu rozehřejte na středním plameni olivový olej. Přidejte nakrájenou cibuli a česnek; restujeme do změknutí.
b) Přidejte na tenké plátky nakrájenou hovězí svíčkovou a vařte do zhnědnutí.
c) Vmícháme rýži Calasparra, obalíme v oleji a smícháme s hovězím masem.
d) Přidejte nakrájené mixované houby a na kostičky nakrájenou červenou papriku. Zalijeme hovězím nebo zeleninovým vývarem.
e) Dochutíme uzenou paprikou, šafránovými nitěmi, solí a pepřem.
f) Vařte, dokud není rýže téměř hotová. Pánev přikryjeme a necháme dusit, dokud není rýže zcela uvařená.
g) Podávejte horké.

63. Paella z telecího masa a zeleného hrášku

SLOŽENÍ:

- 2 šálky rýže Calasparra
- 1 libra telecího dušeného masa, nakrájeného na kousky
- 1 cibule, nakrájená nadrobno
- 3 stroužky česneku, nasekané
- 1 šálek zeleného hrášku
- 1 žlutá paprika, nakrájená na kostičky
- 4 šálky hovězího nebo telecího vývaru
- 1 lžička rozmarýnu
- Špetka šafránových nití
- Sůl a pepř na dochucení
- 1/4 šálku olivového oleje

INSTRUKCE:

a) V pánvi na paellu rozehřejte na středním plameni olivový olej. Přidejte nakrájenou cibuli a česnek; restujeme do změknutí.
b) Přidejte telecí kousky a vařte do zhnědnutí.
c) Vmícháme rýži Calasparra, obalíme v oleji a smícháme s telecím masem.
d) Přidejte zelený hrášek a na kostičky nakrájenou žlutou papriku. Zalijeme hovězím nebo telecím vývarem.
e) Dochuťte rozmarýnem, šafránovými nitěmi, solí a pepřem.
f) Vařte, dokud není rýže téměř hotová. Pánev přikryjeme a necháme dusit, dokud není rýže zcela uvařená.
g) Podávejte horké.

64. Hovězí a brokolicová paella

SLOŽENÍ:
- 2 šálky rýže Arborio
- 1 libra hovězí svíčkové nakrájená na tenké plátky
- 1 cibule, nakrájená nadrobno
- 3 stroužky česneku, nasekané
- 1 šálek růžičky brokolice
- 1 červená paprika, nakrájená na kostičky
- 4 šálky hovězího vývaru
- 1 lžička sójové omáčky
- Špetka šafránových nití
- Sůl a pepř na dochucení
- 1/4 šálku olivového oleje

INSTRUKCE:
a) V pánvi na paellu rozehřejte na středním plameni olivový olej. Přidejte nakrájenou cibuli a česnek; restujeme do změknutí.
b) Přidejte na tenké plátky nakrájenou hovězí svíčkovou a vařte do zhnědnutí.
c) Vmícháme rýži Arborio, obalíme v oleji a smícháme s hovězím masem.
d) Přidejte růžičky brokolice a na kostičky nakrájenou červenou papriku. Zalijeme hovězím vývarem.
e) Dochutíme sójovou omáčkou, šafránovými nitěmi, solí a pepřem.
f) Vařte, dokud není rýže téměř hotová. Pánev přikryjeme a necháme dusit, dokud není rýže zcela uvařená.
g) Podávejte horké.

VEGETARIÁNSKÁ PAELLA

65. Grilovaná vegetariánská paella

SLOŽENÍ:
NA GRILOVANOU VEGETARIÁNSKOU PAELLU:
- Olivový olej (na vaření)
- 4 šálky rýže Basmati
- 5 velkých šalotek, mletých
- 1 lžíce mletého česneku
- 1 polévková lžíce mletého zázvoru (hromada)
- Sůl, podle chuti
- Čerstvě mletý černý pepř, podle chuti
- ½ lžičky kurkumy
- 6 šálků zeleninového vývaru
- 4 šálky míchané grilované zeleniny na ½ palcové kostičky (např. cuketa, lilek, červená paprika, červená cibule, fenykl, grilovaná s olivovým olejem, solí a pepřem)

NA BAZALKO-RAJČOVOU PLÁČKU:
- 1 svazek thajské bazalky (přibližně 2 šálky natrhaných listů)
- 3 dědičná rajčata, julien (jiné druhy a barvy, pokud je to možné)
- 1 červená cibule, nakrájená
- 1 jalapeño, mleté
- ¼ šálku balzamikového octa
- 1 lžíce čínského černého octa
- ¼ šálku extra panenského olivového oleje
- Sůl, podle chuti
- Čerstvě mletý černý pepř, podle chuti

INSTRUKCE:
NA GRILOVANOU VEGETARIÁNSKOU PAELLU:
a) Na pánvi vhodné do trouby rozehřejte trochu olivového oleje a 4 až 6 minut smažte rýži Basmati, mletou šalotku, česnek a zázvor.
b) Dochuťte solí a čerstvě mletým černým pepřem. Přidejte kurkumu a míchejte další 2 minuty.
c) Zalijeme zeleninovým vývarem a přidáme mixovanou grilovanou zeleninu. Zkontrolujte koření.
d) Pánev zakryjte a pečte v předehřáté troubě na 350 stupňů Fahrenheita (175 °C) 1 hodinu, nebo dokud rýže úplně nevsákne vývar.
e) Načechrejte paellu vidličkou a znovu zkontrolujte koření.

NA BAZALKO-RAJČOVOU PLÁČKU:
f) V misce smíchejte lístky thajské bazalky, rajčata z julienned heirloom, nakrájenou červenou cibuli a mleté jalapeño.
g) V samostatné misce smíchejte balzamikový ocet, čínský černý ocet a extra panenský olivový olej. Dochuťte solí a čerstvě mletým černým pepřem podle chuti.
h) Zálivkou přelijte směs bazalky a rajčat a promíchejte, aby se spojily. Zkontrolujte chuť a dejte salát stranou při pokojové teplotě.

PRO POVLAKOVÁNÍ:
i) Grilovanou vegetariánskou paellu podávejte na pánvi a navrch pokapejte bazalkovo-rajčatovým salátem.

66. Uzená tofu paella

SLOŽENÍ:
- 1 balení Cauldron Smoked Tofu, nakrájené na 32 trojúhelníků
- 5 lžic Olivový olej
- 18 uncí Míchaná zelenina, nakrájená na 2 cm kousky (např. paprika, baby sweetcorn, brokolice, houby)
- 5 uncí cibule, nakrájená
- 5 uncí mrkve, nakrájené na 1-palcové / 2 cm tyčinky
- 2 lžičky česneku, drceného
- ½ Jemné zelené chilli papričky, nasekané najemno
- 1 unce hnědé rýže
- 1 litr bílého vína
- 1 pint Lehký zeleninový vývar, dvojnásobná síla
- 5 uncí rajčat, oloupaných a nakrájených
- 3 unce Černé olivy bez pecky, nakrájené na plátky
- 2 bobkové listy
- 2 lžíce nasekaného čerstvého estragonu (nebo 1 lžička/5 ml sušeného)
- 1 lžíce nasekané čerstvé šalvěje
- 2 lžíce nasekané petrželky
- Sůl a černý pepř
- 1 citron, nakrájený na 8 měsíčků

INSTRUKCE:
a) V nepřilnavé pánvi opečte uzené tofu na olivovém oleji na středním plameni, dokud nebude světle hnědé. Vyjměte tofu z pánve.

b) Zvyšte teplotu a do stejné pánve přidejte rozmixovanou zeleninu. Vařte, dokud mírně nezhnědnou. Vyjměte zeleninu z pánve.

c) Vložte cibuli a mrkev do stejné pánve. Vařte doměkka, dokud nezměknou. Přidejte česnek, chilli a hnědou rýži. Vařte 1 minutu.

d) Přidejte bílé víno, zeleninový vývar, nakrájená rajčata, olivy a bobkové listy. Přikryté dusíme, dokud není rýže uvařená (asi 25 minut). V případě potřeby přidejte během vaření více tekutiny.

E) Odstraňte bobkové listy. Přidejte tofu, zeleninu a čerstvé bylinky. Dochuťte solí, černým pepřem a citronovou šťávou. Ozdobte měsíčky citronu.

67. Houbová a zeleninová paella

SLOŽENÍ:
- 2 lžíce olivového oleje
- 2 střední mrkve, nakrájené na ¼-palcové plátky
- 1 celerové žebro, nakrájené na ¼-palcové plátky
- 1 středně žlutá cibule, nakrájená
- 1 střední červená paprika, nakrájená na ½-palcové kostky
- 3 stroužky česneku, nakrájené
- 8 uncí zelených fazolí, oříznutých a nakrájených na 1-palcové kousky
- 1½ šálku vařených tmavě červených fazolí
- 14½-unce plechovka nakrájených rajčat, okapaných
- 2½ hrnku zeleninového vývaru, domácího
- ½ lžičky sušené majoránky
- ½ lžičky drcené červené papriky
- ½ lžičky mletého fenyklového semene
- ¼ lžičky šafránu nebo kurkumy
- ¾ šálku dlouhozrnné rýže
- 2 šálky hlívy ústřičné, lehce opláchnuté a osušené
- 14-uncová plechovka artyčokových srdíček scezená a rozčtvrcená

INSTRUKCE:

a) Ve velkém hrnci rozehřejte olej na středním plameni. Přidejte mrkev, celer, cibuli, papriku a česnek.
b) Zakryjte a vařte 10 minut.
c) Přidejte zelené fazolky, fazolky, rajčata, vývar, sůl, oregano, drcenou červenou papriku, fenyklové semínko, šafrán a rýži. Přikryjeme a dusíme 30 minut.
d) Vmíchejte houby a artyčoková srdíčka. Ochutnáme, dochutíme, případně dosolíme.
e) Přikryjeme a dusíme dalších 15 minut. Ihned podávejte.

68. Paella z kukuřice a pepře

SLOŽENÍ:
- 1 lžíce rostlinného oleje
- 1 cibule, nakrájená nadrobno
- 2 stroužky česneku, mleté
- 1 šálek krátkozrnné rýže
- ¼ lžičky kurkumy
- 2 šálky teplého zeleninového vývaru
- ¼ lžičky soli
- ¼ lžičky mletého černého pepře
- 1 Sladká červená paprika
- 1 Sladká zelená paprika
- 2 švestková rajčata
- 1 ½ šálku čerstvých kukuřičných zrn
- Čerstvá petržel, nasekaná na ozdobu

INSTRUKCE:
a) Ve velké nepřilnavé pánvi nebo na pánvi na paellu rozehřejte rostlinný olej na středním plameni. Přidejte nakrájenou cibuli, nasekaný česnek, rýži a kurkumu. Smažte asi 4 minuty nebo dokud cibule nezměkne.
b) Vmíchejte teplý zeleninový vývar, sůl a mletý černý pepř. Směs přiveďte k varu, poté snižte plamen, přikryjte a nechte 10 minut vařit.
c) Zatímco se rýže dusí, připravíme si papriky tak, že je podélně rozpůlíme, odstraníme jádřince a blány. Poté je příčně rozpůlíme a podélně nakrájíme na proužky. Rajčata zbavíme jádřinců a nakrájíme na kousky. Vmíchejte připravené papriky a rajčata do pánve, přikryjte a vařte dalších 15 minut, nebo dokud rýže není téměř měkká.
d) Přidejte čerstvá kukuřičná zrna do pánve, přikryjte a pokračujte ve vaření asi 5 minut nebo dokud se tekutina neodpaří.
e) Pro podávání ozdobte paellu čerstvě nasekanou petrželkou. Vychutnejte si toto jídlo s křupavou rolkou a křupavým marinovaným salátem na boku.

69. Paella z brokolice, cukety a chřestu

SLOŽENÍ:
- 5 šálků zeleninového vývaru
- ¼ šálku olivového oleje
- 1 rajče, nakrájené na kostičky
- 1 malá cibule, nakrájená na kostičky
- 2 lžíce mletého česneku
- Špetka šafránových nití
- 2 šálky rýže Arborio
- ½ šálku žampionů, nakrájených na čtvrtky
- ½ šálku nakrájeného chřestu
- ½ šálku na kostičky nakrájené cukety
- ½ šálku nakrájené žluté tykve
- ½ šálku nakrájené červené papriky
- ¼ šálku růžičky brokolice

INSTRUKCE:
a) Zeleninový vývar přiveďte k varu a poté vypněte oheň.
b) Ve velkém hrnci rozehřejte na středním plameni olivový olej. Přidejte nakrájená rajčata, cibuli a prolisovaný česnek. Opékejte, dokud cibule nezprůhlední, což by mělo trvat asi 5 minut.
c) Vmíchejte šafránové nitě. Přidejte rýži Arborio a míchejte, aby se obalila olejem.
d) Nalévejte horký zeleninový vývar na rýži, dokud není zakrytá. Vařte a neustále míchejte, dokud se vývar nevstřebá. Tento postup opakujte, dokud se nespotřebuje vývar nebo dokud se rýže neuvaří do stavu mírně al dente, což obvykle trvá asi 15–20 minut.
e) Vmíchejte houby, chřest, cuketu, žlutou dýni, červenou papriku a brokolici.
f) Vypněte oheň a zakryjte pánev, dokud se zelenina neprohřeje.

70. Paella z artyčoků a fazolí

SLOŽENÍ:
- 1 lžíce olivového nebo rostlinného oleje
- 1 střední cibule, jemně nakrájená (asi ½ šálku)
- 2 stroužky česneku, jemně nasekané
- 1 plechovka Zeleninový vývar
- 1 šálek Nevařená běžná dlouhozrnná rýže
- 1 šálek mraženého zeleného hrášku
- ½ lžičky mleté kurkumy
- 2 kapky omáčky z červené papriky
- 1 plechovka Tmavě červené fazole, propláchnuté a okapané
- 1 sklenice (6 uncí) Marinovaná artyčoková srdce, okapaná

INSTRUKCE:
a) Na 12palcové pánvi zahřejte olivový nebo rostlinný olej na středně vysokou teplotu. Nakrájenou cibuli a jemně nasekaný česnek vařte asi 3 až 4 minuty za častého míchání, dokud nezezlátnou.
b) Vmícháme zeleninový vývar a rýži. Směs přiveďte k varu a poté snižte teplotu. Pánev přikryjeme a necháme 15 minut vařit.
c) Vmíchejte zbývající ingredience, včetně mraženého zeleného hrášku, mleté kurkumy, omáčky z červené papriky, tmavě červených fazolí (propláchnutých a okapaných) a okapaných marinovaných artyčokových srdíček.
d) Vařte odkryté dalších 5 až 10 minut za občasného míchání, dokud rýže a hrášek nezměknou.

71. Paella z hub a artyčoku

SLOŽENÍ:
- 2 šálky rýže Calasparra
- 1 cibule, nakrájená nadrobno
- 3 stroužky česneku, nasekané
- 1 šálek smíchaných hub, nakrájených na plátky
- 1 šálek artyčokových srdíček, nakrájených na čtvrtky
- 1 červená paprika, nakrájená na kostičky
- 4 šálky zeleninového vývaru
- 1 lžička tymiánu
- Špetka šafránových nití
- Sůl a pepř na dochucení
- 1/4 šálku olivového oleje

INSTRUKCE:
a) V pánvi na paellu rozehřejte na středním plameni olivový olej. Přidejte nakrájenou cibuli a česnek; restujeme do změknutí.
b) Vmícháme rýži Calasparra, obalíme v oleji a smícháme s cibulí a česnekem.
c) Přidejte nakrájené mixované houby, artyčoková srdce nakrájená na čtvrtky a na kostičky nakrájenou červenou papriku.
d) Zalijte zeleninovým vývarem a šafránovými nitěmi. Dochuťte tymiánem, solí a pepřem.
e) Vařte, dokud není rýže téměř hotová. Pánev přikryjeme a necháme dusit, dokud není rýže zcela uvařená.
f) Podávejte horké.

72. Špenátová a cizrnová paella

SLOŽENÍ:
- 2 šálky rýže Arborio
- 1 cibule, nakrájená nadrobno
- 3 stroužky česneku, nasekané
- 2 šálky baby špenátu
- 1 konzerva cizrny, okapaná a propláchnutá
- 1 červená paprika, nakrájená na plátky
- 4 šálky zeleninového vývaru
- 1 lžička uzené papriky
- Špetka šafránových nití
- Sůl a pepř na dochucení
- 1/4 šálku olivového oleje

INSTRUKCE:
a) V pánvi na paellu rozehřejte na středním plameni olivový olej. Přidejte nakrájenou cibuli a česnek; restujeme do změknutí.
b) Vmícháme rýži Arborio, obalíme v oleji a smícháme s cibulí a česnekem.
c) Přidejte baby špenát, cizrnu a nakrájenou červenou papriku.
d) Zalijte zeleninovým vývarem a šafránovými nitěmi. Dochutíme uzenou paprikou, solí a pepřem.
e) Vařte, dokud není rýže téměř hotová. Pánev přikryjeme a necháme dusit, dokud není rýže zcela uvařená.
f) Podávejte horké.

73. Paella z chřestu a rajčat

SLOŽENÍ:

- 2 šálky rýže Bomba
- 1 cibule, nakrájená nadrobno
- 3 stroužky česneku, nasekané
- 1 svazek chřestu, oloupaný a nakrájený na kousky
- 1 šálek cherry rajčat, napůl
- 1 žlutá paprika, nakrájená na plátky
- 4 šálky zeleninového vývaru
- 1 lžička citronové kůry
- Špetka šafránových nití
- Sůl a pepř na dochucení
- 1/4 šálku olivového oleje

INSTRUKCE:

a) V pánvi na paellu rozehřejte na středním plameni olivový olej. Přidejte nakrájenou cibuli a česnek; restujeme do změknutí.
b) Vmícháme rýži Bomba, obalíme v oleji a smícháme s cibulí a česnekem.
c) Přidejte kousky chřestu, rozpůlená cherry rajčata a nakrájenou žlutou papriku.
d) Zalijte zeleninovým vývarem a šafránovými nitěmi. Dochuťte citronovou kůrou, solí a pepřem.
e) Vařte, dokud není rýže téměř hotová. Pánev přikryjeme a necháme dusit, dokud není rýže zcela uvařená.
f) Podávejte horké.

74. Lilek a olivová paella

SLOŽENÍ:

- 2 šálky rýže Calasparra
- 1 cibule, nakrájená nadrobno
- 3 stroužky česneku, nasekané
- 1 lilek, nakrájený na kostičky
- 1 šálek zelených oliv, nakrájených na plátky
- 1 červená paprika, nakrájená na kostičky
- 4 šálky zeleninového vývaru
- 1 lžička uzené papriky
- Špetka šafránových nití
- Sůl a pepř na dochucení
- 1/4 šálku olivového oleje

INSTRUKCE:

a) V pánvi na paellu rozehřejte na středním plameni olivový olej. Přidejte nakrájenou cibuli a česnek; restujeme do změknutí.
b) Vmícháme rýži Calasparra, obalíme v oleji a smícháme s cibulí a česnekem.
c) Přidejte na kostičky nakrájený lilek, nakrájené zelené olivy a na kostičky nakrájenou červenou papriku.
d) Zalijte zeleninovým vývarem a šafránovými nitěmi. Dochutíme uzenou paprikou, solí a pepřem.
e) Vařte, dokud není rýže téměř hotová. Pánev přikryjeme a necháme dusit, dokud není rýže zcela uvařená.
f) Podávejte horké.

75. Paella z brokolice a sušených rajčat

SLOŽENÍ:

- 2 šálky rýže Arborio
- 1 cibule, nakrájená nadrobno
- 3 stroužky česneku, nasekané
- 1 hlavička brokolice, růžičky oddělené
- 1/2 šálku sušených rajčat, nakrájených na plátky
- 1 žlutá paprika, nakrájená na kostičky
- 4 šálky zeleninového vývaru
- 1 lžička sušeného oregana
- Špetka šafránových nití
- Sůl a pepř na dochucení
- 1/4 šálku olivového oleje

INSTRUKCE:

a) V pánvi na paellu rozehřejte na středním plameni olivový olej. Přidejte nakrájenou cibuli a česnek; restujeme do změknutí.
b) Vmícháme rýži Arborio, obalíme v oleji a smícháme s cibulí a česnekem.
c) Přidejte růžičky brokolice, nakrájená sušená rajčata a na kostičky nakrájenou žlutou papriku.
d) Zalijte zeleninovým vývarem a šafránovými nitěmi. Dochutíme sušeným oreganem, solí a pepřem.
e) Vařte, dokud není rýže téměř hotová. Pánev přikryjeme a necháme dusit, dokud není rýže zcela uvařená.
f) Podávejte horké.

76. Paella s pórkem a houbami

SLOŽENÍ:

- 2 šálky rýže Bomba
- 2 pórky, nakrájené na plátky
- 3 stroužky česneku, nasekané
- 1 šálek smíchaných hub, nakrájených na plátky
- 1 červená paprika, nakrájená na kostičky
- 4 šálky zeleninového vývaru
- 1 lžička tymiánu
- Špetka šafránových nití
- Sůl a pepř na dochucení
- 1/4 šálku olivového oleje

INSTRUKCE:

a) V pánvi na paellu rozehřejte na středním plameni olivový olej. Přidejte nakrájený pórek a česnek; restujeme do změknutí.
b) Vmícháme rýži Bomba, obalíme v oleji a smícháme s pórkem a česnekem.
c) Přidejte nakrájené houby, na kostičky nakrájenou červenou papriku a zeleninový vývar.
d) Dochutíme tymiánem, šafránovými nitěmi, solí a pepřem.
e) Vařte, dokud není rýže téměř hotová. Pánev přikryjeme a necháme dusit, dokud není rýže zcela uvařená.
f) Podávejte horké.

77. Oříšková dýně a paella z granátového jablka

SLOŽENÍ:

- 2 šálky rýže Calasparra
- 1 cibule, nakrájená nadrobno
- 3 stroužky česneku, nasekané
- 1 máslová dýně, nakrájená na kostičky
- Semínka 1 granátového jablka
- 1 pomerančová paprika, nakrájená na plátky
- 4 šálky zeleninového vývaru
- 1 lžička skořice
- Špetka šafránových nití
- Sůl a pepř na dochucení
- 1/4 šálku olivového oleje

INSTRUKCE:

a) V pánvi na paellu rozehřejte na středním plameni olivový olej. Přidejte nakrájenou cibuli a česnek; restujeme do změknutí.
b) Vmícháme rýži Calasparra, obalíme v oleji a smícháme s cibulí a česnekem.
c) Přidejte na kostičky nakrájenou máslovou dýni, semena granátového jablka a nakrájenou pomerančovou papriku.
d) Zalijte zeleninovým vývarem a šafránovými nitěmi. Dochuťte skořicí, solí a pepřem.
e) Vařte, dokud není rýže téměř hotová. Pánev přikryjeme a necháme dusit, dokud není rýže zcela uvařená.
f) Podávejte horké.

78. Paella ze sladkých brambor a černých fazolí

SLOŽENÍ:
- 2 šálky rýže Bomba
- 1 cibule, nakrájená nadrobno
- 3 stroužky česneku, nasekané
- 2 sladké brambory, nakrájené na kostičky
- 1 plechovka černých fazolí, scezená a propláchnutá
- 1 červená paprika, nakrájená na plátky
- 4 šálky zeleninového vývaru
- 1 lžička mletého kmínu
- Špetka šafránových nití
- Sůl a pepř na dochucení
- 1/4 šálku olivového oleje

INSTRUKCE:
a) V pánvi na paellu rozehřejte na středním plameni olivový olej. Přidejte nakrájenou cibuli a česnek; restujeme do změknutí.
b) Vmícháme rýži Bomba, obalíme v oleji a smícháme s cibulí a česnekem.
c) Přidejte na kostičky nakrájené sladké brambory, černé fazole a nakrájenou červenou papriku.
d) Zalijte zeleninovým vývarem a šafránovými nitěmi. Dochutíme mletým kmínem, solí a pepřem.
e) Vařte, dokud není rýže téměř hotová. Pánev přikryjeme a necháme dusit, dokud není rýže zcela uvařená.
f) Podávejte horké.

REGIONÁLNÍ VARIACE

79. New Orleans Paella

SLOŽENÍ:
- 1 celé kuře (asi 3 libry), nakrájené na 12 kusů
- 2 lžičky soli
- 2 lžičky čerstvě mletého černého pepře
- ½ šálku olivového oleje
- 2 šálky nakrájené cibule
- 1 šálek nakrájené zelené papriky
- 1 šálek nakrájeného celeru
- 6 lžic mletého česneku
- 3 lžíce mleté šalotky
- 1 ½ šálku nakrájené klobásy andouille (asi 12 uncí)
- 3 šálky nevařené dlouhozrnné bílé rýže
- 1 ½ šálku loupaných, semenných, nakrájených italských rajčat
- 1 lžíce feferonkové omáčky
- 9 bobkových listů
- 3 polévkové lžíce Emeril's Essence (viz poznámka níže)
- ½ lžičky šafránových nití
- 6 šálků kuřecího vývaru
- 36 škeblí, vydrhnutých
- 36 mušlí, vydrhnutých a zbavených vousů
- 18 středních krevet (asi ¾ libry) ve skořápce
- ¼ šálku nasekané petrželky

NA KRUTONY S BYLINKAMI PARMEZÁN:
- 4 plátky starého bílého chleba (8 x 8 x 1)
- 1 šálek připravené majonézy
- 1 hrnek strouhaného parmazánu
- Nasekané čerstvé bylinky
- Sůl, podle chuti
- Čerstvě mletý černý pepř, podle chuti

INSTRUKCE:

a) Kuřecí kousky rovnoměrně posypte solí a pepřem. Zahřejte olivový olej ve velkém hrnci na vysokou teplotu. Přidejte kuře a opékejte ze všech stran, asi 4 minuty.
b) Přidejte cibuli, papriku, celer, česnek, šalotku, klobásu a rýži. Za stálého míchání smažte 2 minuty.
c) Vmíchejte rajčata, feferonkovou omáčku, bobkové listy, Emeril's Essence a šafrán. Vařte 1 minutu.
d) Přidejte kuřecí vývar, dobře promíchejte a přiveďte k varu. Snižte teplotu, přikryjte a 5 minut vařte.
e) Přidejte škeble a vařte 5 minut. Poté přidejte mušle a krevety, přikryjte a vařte 3 minuty. Ujistěte se, že se otevřely všechny skořápky škeblí a mušlí; vyhoďte všechny, které zůstanou zavřené.
f) Na parmazánové bylinkové krutony: Předehřejte troubu na 400 stupňů. Chléb rozkrojte podélně napůl a vytvořte 8 velkých trojúhelníků. Smíchejte majonézu, parmazán, bylinky, sůl a pepř. Směs rozetřete na krutony a pečte v troubě dozlatova asi 3 až 4 minuty.
g) Paellu ozdobte čerstvou petrželkou a před podáváním na ni položte krutony.

80. Západní Indie Paella

SLOŽENÍ:
- 2½ libry kuře, nakrájené na 12 kusů (prsa nakrájíme na 4 kusy)
- ⅓ šálku španělského olivového oleje
- 1 střední cibule, nakrájená na plátky
- 2 stroužky česneku, rozdrcené
- 1 zelená paprika, nakrájená na 1" kousky
- ½ lžičky soli
- 1 šálek nevařené dlouhozrnné rýže
- 1 šálek dušených rajčat (nebo konzerv), nakrájíme
- ¼ libry choriza nebo klobásy s česnekovou příchutí
- 1 tucet syrových krevet, vyloupaných a očištěných (volitelně)
- 1 hrnek kuřecího vývaru
- 1 šálek španělského sherry
- ¼ lžičky španělského šafránu (volitelné)
- 1 balení mraženého zeleného hrášku nebo mražených artyčokových srdíček (10 uncí)
- 1 tucet mušlí (volitelné)

INSTRUKCE:
a) Kuřecí kousky omyjeme a osušíme. Opékejte je na rozehřátém olivovém oleji ve velké pánvi dozlatova ze všech stran. Vyjměte kuře z pánve pomocí kleští a dejte je stranou.
b) Do kastrůlku na pánvi přidejte nakrájenou cibuli, prolisovaný česnek, zelený pepř a sůl. Opékejte, dokud nejsou lehce opečené. Přidejte šafrán a sůl a poté vařte, dokud zelenina nezměkne.
c) Přidejte rýži a míchejte, aby se rovnoměrně obalila olejem. Vraťte kuře na pánev.
d) Přidejte kousky rajčat, chorizo, kuřecí vývar, sherry a krevety (pokud je používáte). Směs přiveďte k varu, snižte teplotu a za občasného míchání vařte přikryté asi 20 minut nebo dokud se polovina tekutiny nevstřebá.
e) Přidejte mražený hrášek nebo artyčoky a vařte ještě asi 15 minut, nebo dokud všechny ingredience nezměknou a nevstřebá se většina tekutiny. Pokud používáte mušle, můžete je napařit v trošce vody, dokud se skořápky neotevřou, a použít je jako ozdobu.

81. Západoafrická Jollof Rice Paella

SLOŽENÍ:
- Kuře (1 celé kuře nebo dle libosti)
- 6 středních cibulí, nakrájených
- 6 nakrájených zelených paprik
- krevety (požadované množství)
- ¾ šálku nakrájené mrkve
- ¾ šálku fazolí, nalámaných na kousky
- ¾ šálku hrášku
- 6 rajčat, nakrájených
- 1 lžička soli
- ½ lžičky čerstvě mletého pepře
- 1 lžička drceného tymiánu nebo 1 lžička sušeného tymiánu
- 4 šálky rýže (nebo dle libosti)
- ¼ šálku rajčatového protlaku (nebo více)
- Olej na smažení
- 1 ½ lžičky kajenského pepře

INSTRUKCE:
a) Kuře z kůže, vykostěte a nakrájejte na čtvercové kousky o velikosti 1 palce. V těžkém hrnci nebo velké litinové pánvi orestujte kuře na oleji.
b) Do hrnce přidejte nakrájenou cibuli a papriku. Vařte na středním plameni 5 až 10 minut.
c) V samostatné pánvi orestujte krevety na malém množství oleje. Předvařte mrkev, fazole a hrášek (nebo jakoukoli jinou zeleninu dle vašeho výběru), dokud nebudou asi do poloviny hotové, což by mělo trvat asi 5 minut. Předvařenou zeleninu sceďte.
d) Přidejte předvařenou zeleninu do hrnce s kuřecím masem spolu s krevetami, nakrájenými rajčaty, solí, pepřem a tymiánem. Snižte teplotu na minimum a vařte 5 minut.
e) Smíchejte rýži s rajčatovou pastou, aby pasta obalila zrnka rýže, aniž by je utopila. Rýže by měla mít oranžový odstín; příliš mnoho rajčatového protlaku zčervená. Do hrnce vmícháme obalenou rýži a dále dusíme. Podle potřeby přidávejte vodu střídmě, aby nedošlo k připálení.
f) Pokračujte v vaření, dokud maso, rýže a zelenina nezměknou. Vaše Jollof Rice je připravena sloužit.

82. Paella alla Valenciana

SLOŽENÍ:
- 8 šálků kuřecího vývaru
- ½ lžičky šafránu
- ½ šálku extra panenského olivového oleje
- 1 králík, nakrájený na 8 kusů
- 8 kuřecích stehen
- 1 libra chorizo, nakrájená na 8 kusů
- 1 španělská cibule, nakrájená na ½-palcové kousky
- 1 červená paprika, nakrájená na ½-palcové kousky
- 1 zelená paprika, nakrájená na ½-palcové kousky
- 10 stroužků česneku, nakrájených na tenké plátky
- 4 rajčata, nakrájená na ½-palcové kostky, s vyhrazenou šťávou a semínky
- 3 lžíce španělské papriky
- ½ šálku hrášku, vyloupaného
- ½ šálku voskových fazolí Romano, nakrájených na délky 1 palce
- 2 opečené papriky, nakrájené na ½-palcové proužky
- 3 šálky krátkozrnné španělské nebo italské rýže Arborio
- 24 zelených valencijských oliv

INSTRUKCE:
a) Kuřecí vývar se šafránem zahřejte k varu a udržujte teplý.
b) Umístěte 18palcovou až 22palcovou pánev na paellu na otevřený oheň odřezků vinné révy, rozpálený gril nebo dva hořáky na sporáku.
c) Do pánve přidejte ½ šálku oleje a zahřejte. Kousky králíka a kuře okořeňte, vložte do pánve, dobře opečte a poté vyjměte.
d) Přidejte chorizo, cibuli, zelenou a červenou papriku, česnek, rajčata, papriku, hrášek, fazole a koření. Míchejte na středním plameni po dobu 4 až 5 minut.
e) Přidejte rýži a míchejte 3 až 4 minuty.
f) Zalijte veškerým kuřecím vývarem a do pánve vložte kousky králíka, kuřecího masa a olivy. Vařte bez míchání, dokud není rýže hotová a tekutina se nevstřebá, což trvá asi 20 minut.

83. Paella v mexickém stylu

SLOŽENÍ:
- 1 celý kuřecí brojler, nakrájený
- 2 stroužky česneku
- ¼ šálku oleje
- 1 libra syrových krevet
- 4 velká rajčata, nakrájená na plátky
- 1 libra hrášku
- 12 artyčokových srdíček
- 1 ½ šálku hnědé rýže
- 6 pramenů šafránu
- 1 šálek nakrájené cibule
- 1 zelená paprika, nakrájená na kostičky
- 1 červená paprika, nakrájená na kostičky
- 1 lžička papriky
- 1 šálek bílého vína
- 2 šálky vody

INSTRUKCE:
a) Na oleji orestujte kuře a česnek. Jakmile zhnědne, vyjměte kuřecí kousky do velké zapékací mísy.
b) Do kastrolu přidejte krevety, nakrájená rajčata, hrášek a artyčoková srdce.
c) Na stejném oleji, který se používá k opékání kuřete, orestujte hnědou rýži, šafrán, nakrájenou cibuli a nakrájenou zelenou a červenou papriku asi 7 minut.
d) Do kastrolu přidejte restovanou rýži a zeleninu. Suroviny posypeme paprikou.
e) Zalijte bílým vínem a vodou.
f) Zapékací misku pečte odkrytou při 350 stupních Fahrenheita asi 1 hodinu nebo dokud není rýže zcela uvařená.

84. Pobřežní španělská paella

SLOŽENÍ:
- 1 balíček španělské rýžové směsi (6,8 unce)
- 1 plechovka rajčat (14½ unce)
- 2 lžíce olivového oleje
- 4 šálky žluté cibule, nakrájené na měsíčky
- 1 zelená paprika, nakrájená na plátky
- 6 uncí krevety, vyloupané a vařené
- 8 stroužků česneku, mletého
- 2 šálky hrášku, zmrazeného
- 2 lžíce citronové šťávy
- 1 rajče, nakrájené na měsíčky
- 16 Slávek, ve skořápce
- 16 Škeble, ve skořápce

INSTRUKCE:
a) Ve velkém hrnci připravte směs rýže s rajčaty podle návodu na obalu, ale vynechejte použití másla a místo toho použijte 1 lžíci olivového oleje na osmahnutí rýžové směsi.
b) V samostatné pánvi orestujte cibuli a zelenou papriku na zbývající 1 lžíci olivového oleje, dokud nezměknou.
c) Přidejte uvařené krevety a nasekaný česnek na pánev. Na středním plameni restujte ještě asi 3 minuty.
d) Do rýžové směsi zapracujte mražený hrášek a citronovou šťávu. Vařte, dokud se hrášek neprohřeje.
e) Podávejte rýži přelitou plátky rajčat a volitelnými měkkýši.
f) Pro přípravu měkkýšů smíchejte mušle a škeble s ½ šálkem vody. Přikryjeme a přivedeme k varu. Vařte 5 minut nebo dokud se skořápky neotevřou.
g) Zlikvidujte všechny měkkýše, kteří se neotevírají.

85. Pacifická paella

SLOŽENÍ:
- 4 vykostěné půlky kuřecích prsou bez kůže
- 1 lžička papriky
- 1 lžička soli
- ¼ lžičky černého pepře
- ¾ liber jemné italské klobásy
- 16 uncí konzervovaných rajčat, okapaných a nahrubo nakrájených (nebo 20 sušených rajčat, balených v oleji, okapaných a nakrájených)
- 2 plechovky kuřecího vývaru
- ½ lžičky kurkumy
- ¼ lžičky šafránu
- 2 šálky rýže
- 1 velká cibule, nakrájená na měsíčky
- 2 stroužky česneku, mleté
- 1 libra středních krevet, oloupaných, vydlabaných a uvařených
- 1 zelená paprika, nakrájená na proužky
- 10 mušlí, očištěných a spařených

INSTRUKCE:
a) Kuřecí prsa nakrájíme na ½-palcové proužky. Smíchejte papriku, sůl a černý pepř v malé misce. Přidejte kuře a míchejte, dokud se veškeré koření nezapracuje do masa.
b) Klobásu nakrájejte na ¼-palcové kousky a odstraňte obal.
c) Pokud používáte sušená rajčata, rajčata zcela osušte papírovou utěrkou. Přidejte tolik vody do kuřecího vývaru, abyste získali 3-¾ šálků. Tuto směs přiveďte k varu na 12palcové pánvi.
d) Vmíchejte kurkumu, šafrán, rýži, cibuli, česnek, kuřecí maso, klobásu a rajčata.
e) Pánev přikryjeme a dusíme 20 minut.
f) Sundejte pánev z ohně a vmíchejte uvařené krevety a zelený pepř. Pokud chcete, přidejte mušle.
g) Nechte paellu stát zakrytou, dokud se všechna tekutina nevstřebá, asi 5 minut.

86. katalánština Paella

SLOŽENÍ:

- 1 hrnek dlouhozrnné rýže
- ¼ šálku olivového oleje
- 4 kuřecí kousky
- 1 cibule, nakrájená
- 10 mililitrů nasekaného česneku
- ¼ libry vařené šunky, nakrájené na proužky
- ½ libry pevné bílé ryby, nakrájené na velké kostky
- 12 velkých nevařených krevet
- 1 červená paprika zbavená jádřinců, semínek a nakrájená
- 2 konzervované pimientos, okapané a nakrájené
- 12 velkých mušlí
- 1 šálek vařeného zeleného hrášku
- 1 malé balení mraženého hrášku, rozmraženého
- Špetka šafránu, namočená ve 2 lžících horké vody na 30 minut
- 2 ½ šálků kuřecího vývaru
- Sůl a pepř na dochucení

INSTRUKCE:

V pánvi na paella nebo velké pánvi rozehřejte olivový olej. Přidejte kuře a zlehka opékejte, dokud nezhnědne. Vyjměte kuřecí kousky a dejte je stranou.

Do pánve přidejte nakrájenou cibuli a nasekaný česnek a opékejte, dokud cibule nezprůhlední. Poté přidejte šunku a rýži a za stálého míchání pokračujte ve smažení, dokud rýže také nezprůhlední. Odstraňte z tepla.

Krevety oloupejte a nakrájejte. Mušle vydrhněte pod tekoucí vodou, všechny otevřené vyhoďte.

Červenou papriku spařte ve vroucí vodě 1 minutu.

Pokud jsou kousky kuřete velké, rozpulte je. Na rýži v pánvi naaranžujte rybu, červenou papriku, kuřecí maso a hrášek. Vložte mušle dolů do pánve a položte na ně krevety.

Přidejte tekutinu napuštěnou šafránem do kuřecího vývaru a vývarem zalijte všechny ingredience. Dochuťte solí a pepřem.

Směs přiveďte k varu, poté snižte teplotu a vařte doměkka odkryté asi 20 minut nebo dokud se tekutina nevstřebá a všechny ingredience se neprovaří.

87. Paella v portugalském stylu

SLOŽENÍ:
- 2 kuřata (každé 2 libry), každé nakrájené na 8 kusů
- ½ šálku olivového oleje
- 1 libra libového vepřového masa, nakrájená na 1-palcové kousky
- 2 šálky nakrájené cibule
- 2 stroužky česneku, rozdrcené
- ¼ lžičky černého pepře
- 1 lžička oregana
- 2 lžičky soli
- 2 šálky dlouhozrnné rýže
- ½ lžičky šafránu
- 1 libra italské klobásy
- 2 středně velká rajčata, nakrájená
- 1 bobkový list
- 3 plechovky (každá 10 ¾ unce) kondenzovaného kuřecího vývaru
- 1 ½ libry velké krevety, vyloupané a zbavené
- 1 balení (10 uncí) mraženého hrášku
- ½ sklenice (4 unce) koření
- 2 citrony, nakrájené na 8 měsíčků

INSTRUKCE:

a) Kuřecí kousky otřete vlhkou papírovou utěrkou. Ve velké pánvi rozehřejte olivový olej a opékejte kuře asi 5 kusů najednou, dokud nezezlátne. Opečené kuře vyjmeme a dáme stranou.
b) Přidejte kostky vepřového masa na pánev a ze všech stran je dobře opečte. Vyjměte a dejte je stranou.
c) Přidejte nakrájenou cibuli, prolisovaný česnek, černý pepř a oregano k kapání na pánvi. Smažte asi 5 minut, dokud cibule nezezlátne.
d) Do pánve přidejte sůl, rýži a šafrán. Vařte za stálého míchání asi 10 minut.
e) Mezitím na jiné pánvi opečte klobásy ze všech stran, což by mělo trvat asi 10 minut. Klobásky sceďte a vyhoďte tuk. Párky nakrájíme na kousky velikosti sousta.
f) Vložte opečené kuře, klobásu a vepřové maso do pekáče.
g) Předehřejte si troubu na 375 stupňů.
h) Do rýžové směsi na pánvi přidejte nakrájená rajčata, bobkový list a kondenzovaný kuřecí vývar a přiveďte k varu. Přidejte krevety.
i) Rýžovou směs rovnoměrně nanášejte na kuře, vepřové maso a klobásy v pekáči. Pečeme lehce zakryté alobalem 1 hodinu.
j) Po hodině posypte paella bez míchání mraženým hráškem. Pokud se vám směs zdá příliš suchá, můžete přidat ½ šálku vody. Pečte dalších 20 minut.
k) Chcete-li podávat, otočte paellu na kulatý vyhřívaný talíř nebo pánev na paellu. Ozdobte kořením a kolečky citronu.

88. Jihozápadní Paella

SLOŽENÍ:
- 2 kuřata, nakrájená na porce
- 2 lžičky soli
- 1 lžička papriky
- 1 hrnek mouky
- 1 šálek oleje
- ½ šálku vody
- 1 libra šunky, nakrájená na kousky velikosti sousta
- 1 střední cibule, nakrájená
- 1 šálek papriky, nakrájené
- 2 střední rajčata, nakrájená na měsíčky
- 4 lžíce rostlinného oleje
- 3 šálky rýže, nejlépe italské
- 2 plechovky (16 uncí) hrášku, scezené (šťávu uschovejte)
- Kuřecí vývar
- ½ lžičky šafránu
- 2 lžičky feferonkové omáčky
- Sůl
- 1 libra vařené krevety, škeble, mušle nebo mušle
- 2 unce nakrájené pimiento ve sklenici

INSTRUKCE:
a) Brzy ráno protřepejte kuře v sáčku obsahujícím směs soli, papriky a mouky.
b) Pomoučené kuře dobře opečte na dvou pánvích se ¼ šálku oleje v každé. Do každé pánve přidejte ¼ šálku vody a vařte kuře 30 minut.
c) Kuře vyjmeme a na zbylém oleji osmahneme šunku. Dejte to stranou.
d) Později během dne na čisté pánvi orestujte cibuli, papriku a rajčata na 4 lžících oleje, dokud cibule nezežloutne.
e) Vyjměte cibulovou směs a na zbývajícím oleji osmahněte rýži, v případě potřeby přidejte další olej.
f) Když rýže zhnědne, přidejte cibulovou směs, tekutinu z hrášku a kuřecí vývar nebo vodu na 6 šálků. Přidejte šafrán, feferonkovou omáčku a sůl.
g) Vařte rýži, dokud není hotová.
h) Umístěte rýži do velké ploché nádoby a navrch položte kuře a šunku.
i) Přikryjte a pečte v troubě vyhřáté na 325 °F asi 30 minut, sledujte rýži.
j) Odkryjte a rozsypte hrášek, mořské plody a pimiento na rýži. Důkladně prohřejeme a podáváme.

89. Aragon Horská paella

SLOŽENÍ:

- 2 šálky rýže Bomba
- 1/2 libry jehněčího, nakrájeného na kousky
- 1/2 libry králíka, nakrájeného na kousky
- 1/2 libry vepřové klobásy, nakrájené na plátky
- 1 cibule, nakrájená nadrobno
- 1 červená paprika, nakrájená na plátky
- 1 rajče, nastrouhané
- 1/2 šálku zelených fazolek, oříznutých a rozpůlených
- 1 lžička uzené papriky
- 1/2 lžičky šafránových nití
- 4 šálky kuřecího nebo zeleninového vývaru
- Sůl a pepř na dochucení
- 1/4 šálku olivového oleje

INSTRUKCE:

a) V pánvi na paellu rozehřejte na středním plameni olivový olej. Přidejte nakrájenou cibuli a vařte do změknutí.
b) Přidejte jehněčí, králičí a vepřovou klobásu; hnědá ze všech stran.
c) Přidejte nastrouhaná rajčata a vařte, dokud se nevytvoří sofrito.
d) Vmíchejte rýži Bomba a obalte ji v sofritu.
e) Přidejte červenou papriku a zelené fazolky.
f) Rýži posypeme uzenou paprikou a šafránovými nitěmi.
g) Zalijeme kuřecím nebo zeleninovým vývarem a dochutíme solí a pepřem.
h) Vařte, dokud není rýže téměř hotová. Pánev přikryjeme a necháme dusit, dokud není rýže zcela uvařená.
i) Před podáváním nechte paellu několik minut odpočinout.

90. Baskická paella z mořských plodů (Marmitako)

SLOŽENÍ:
- 2 šálky rýže Bomba
- 1 libra tuňáka, nakrájená na kousky
- 1 cibule, nakrájená nadrobno
- 2 stroužky česneku, mleté
- 1 červená paprika, nakrájená na plátky
- 1 zelená paprika, nakrájená na plátky
- 4 šálky vývaru z ryb nebo mořských plodů
- 1/2 šálku suchého bílého vína
- 1/2 lžičky Espelette pepř nebo paprika
- 1 bobkový list
- Sůl a pepř na dochucení
- 1/4 šálku olivového oleje

INSTRUKCE:
a) V pánvi na paellu rozehřejte na středním plameni olivový olej. Přidejte nakrájenou cibuli a česnek; restujeme do změknutí.
b) Přidejte kousky tuňáka a opékejte ze všech stran dohněda.
c) Vmícháme rýži Bomba, obalíme v oleji a smícháme s cibulí, česnekem a tuňákem.
d) Přidejte nakrájenou červenou a zelenou papriku.
e) Zalijte vývarem z ryb nebo mořských plodů a bílým vínem. Dochuťte Espelette pepřem nebo paprikou, bobkovým listem, solí a pepřem.
f) Vařte, dokud není rýže téměř hotová. Pánev přikryjeme a necháme dusit, dokud není rýže zcela uvařená.
g) Před podáváním nechte paellu několik minut odpočinout.

91. Arroz a Banda - z Alicante

SLOŽENÍ:
- 2 šálky rýže Bomba
- 1 libra malé sépie nebo chobotnice, očištěné a nakrájené
- 1 cibule, nakrájená nadrobno
- 2 stroužky česneku, mleté
- 1/2 šálku nakrájených rajčat
- 1/2 šálku suchého bílého vína
- 4 šálky vývaru z ryb nebo mořských plodů
- 1 lžička sladké papriky
- Špetka šafránových nití
- Sůl a pepř na dochucení
- 1/4 šálku olivového oleje

INSTRUKCE:
a) V pánvi na paellu rozehřejte na středním plameni olivový olej. Přidejte nakrájenou cibuli a česnek; restujeme do změknutí.
b) Přidejte nakrájenou sépii nebo chobotnici a vařte, dokud se nezačne barvit.
c) Vmíchejte rýži Bomba, obalte ji v oleji a smíchejte s cibulí, česnekem a mořskými plody.
d) Přidejte nakrájená rajčata a vařte, dokud nevytvoří sofrito.
e) Zalijeme bílým vínem a necháme zredukovat.
f) Přidejte vývar z ryb nebo mořských plodů, sladkou papriku, šafránové nitě, sůl a pepř.
g) Vařte, dokud není rýže téměř hotová. Pánev přikryjeme a necháme dusit, dokud není rýže zcela uvařená.
h) Před podáváním nechte paellu několik minut odpočinout.

92. sefardská paella z mořských plodů (Arroz de Pesaj)

SLOŽENÍ:

- 2 šálky rýže Bomba
- 1/2 libry halibuta nebo tresky, nakrájené na kousky
- 1/2 libry krevety, oloupané a zbavené
- 1/2 libry kalamár, očištěné a nakrájené
- 1 cibule, nakrájená nadrobno
- 2 rajčata, nastrouhaná
- 4 šálky vývaru z ryb nebo mořských plodů
- 1/2 šálku suchého bílého vína
- 1/2 lžičky mletého kmínu
- Špetka šafránových nití
- Sůl a pepř na dochucení
- 1/4 šálku olivového oleje

INSTRUKCE:

a) V pánvi na paellu rozehřejte na středním plameni olivový olej. Přidejte nakrájenou cibuli a vařte do změknutí.
b) Přidejte kousky halibuta nebo tresky, krevety a nakrájené kalamáry; vaříme, dokud se mořské plody nezačnou barvit.
c) Vmíchejte rýži Bomba, obalte ji v oleji a smíchejte s cibulí a mořskými plody.
d) Přidejte nastrouhaná rajčata a vařte, dokud nevytvoří sofrito.
e) Zalijeme bílým vínem a necháme zredukovat.
f) Přidejte vývar z ryb nebo mořských plodů, mletý kmín, šafránové nitě, sůl a pepř.
g) Vařte, dokud není rýže téměř hotová. Pánev přikryjeme a necháme dusit, dokud není rýže zcela uvařená.
h) Před podáváním nechte paellu několik minut odpočinout.

OVOCNÁ PAELLA

93. Mango a kešu paella

SLOŽENÍ:
- 2 šálky rýže Bomba
- 1 cibule, nakrájená nadrobno
- 3 stroužky česneku, nasekané
- 1 zralé mango, nakrájené na kostičky
- 1 šálek kešu ořechů
- 1 červená paprika, nakrájená na plátky
- 4 šálky zeleninového vývaru
- 1 lžička kari
- Špetka šafránových nití
- Sůl a pepř na dochucení
- 1/4 šálku olivového oleje

INSTRUKCE:
a) V pánvi na paellu rozehřejte na středním plameni olivový olej. Přidejte nakrájenou cibuli a česnek; restujeme do změknutí.
b) Vmícháme rýži Bomba, obalíme v oleji a smícháme s cibulí a česnekem.
c) Přidejte na kostičky nakrájené mango, kešu oříšky a nakrájenou červenou papriku.
d) Zalijte zeleninovým vývarem a šafránovými nitěmi. Dochuťte kari, solí a pepřem.
e) Vařte, dokud není rýže téměř hotová. Pánev přikryjeme a necháme dusit, dokud není rýže zcela uvařená.
f) Podávejte horké.

94. Ananasová a kokosová paella

SLOŽENÍ:

- 2 šálky rýže Calasparra
- 1 cibule, nakrájená nadrobno
- 3 stroužky česneku, nasekané
- 1 hrnek kousků ananasu
- 1 šálek kokosového mléka
- 1 červená paprika, nakrájená na kostičky
- 4 šálky zeleninového vývaru
- 1 lžička kurkuma
- Špetka šafránových nití
- Sůl a pepř na dochucení
- 1/4 šálku olivového oleje

INSTRUKCE:

a) V pánvi na paellu rozehřejte na středním plameni olivový olej. Přidejte nakrájenou cibuli a česnek; restujeme do změknutí.
b) Vmícháme rýži Calasparra, obalíme v oleji a smícháme s cibulí a česnekem.
c) Přidejte kousky ananasu, kokosové mléko a na kostičky nakrájenou červenou papriku.
d) Zalijte zeleninovým vývarem a šafránovými nitěmi. Dochuťte kurkumou, solí a pepřem.
e) Vařte, dokud není rýže téměř hotová. Pánev přikryjeme a necháme dusit, dokud není rýže zcela uvařená.
f) Podávejte horké.

95. Pomerančová a mandlová paella

SLOŽENÍ:
- 2 šálky rýže Arborio
- 1 cibule, nakrájená nadrobno
- 3 stroužky česneku, nasekané
- Kůra a šťáva ze 2 pomerančů
- 1 šálek nakrájených mandlí
- 1 pomerančová paprika, nakrájená na plátky
- 4 šálky zeleninového vývaru
- 1 lžička mletého koriandru
- Špetka šafránových nití
- Sůl a pepř na dochucení
- 1/4 šálku olivového oleje

INSTRUKCE:
a) V pánvi na paellu rozehřejte na středním plameni olivový olej. Přidejte nakrájenou cibuli a česnek; restujeme do změknutí.
b) Vmícháme rýži Arborio, obalíme v oleji a smícháme s cibulí a česnekem.
c) Přidejte pomerančovou kůru, pomerančový džus, plátky mandlí a nakrájenou pomerančovou papriku.
d) Zalijte zeleninovým vývarem a šafránovými nitěmi. Dochuťte mletým koriandrem, solí a pepřem.
e) Vařte, dokud není rýže téměř hotová. Pánev přikryjeme a necháme dusit, dokud není rýže zcela uvařená.
f) Podávejte horké.

96. Jablečná a rozinková paella

SLOŽENÍ:

- 2 šálky rýže Bomba
- 1 cibule, nakrájená nadrobno
- 3 stroužky česneku, nasekané
- 2 jablka, nakrájená na kostičky
- 1/2 šálku rozinek
- 1 žlutá paprika, nakrájená na kostičky
- 4 šálky zeleninového vývaru
- 1 lžička skořice
- Špetka šafránových nití
- Sůl a pepř na dochucení
- 1/4 šálku olivového oleje

INSTRUKCE:

a) V pánvi na paellu rozehřejte na středním plameni olivový olej. Přidejte nakrájenou cibuli a česnek; restujeme do změknutí.
b) Vmícháme rýži Bomba, obalíme v oleji a smícháme s cibulí a česnekem.
c) Přidejte na kostičky nakrájená jablka, rozinky a nakrájenou žlutou papriku.
d) Zalijte zeleninovým vývarem a šafránovými nitěmi. Dochuťte skořicí, solí a pepřem.
e) Vařte, dokud není rýže téměř hotová. Pánev přikryjeme a necháme dusit, dokud není rýže zcela uvařená.
f) Podávejte horké.

97. Paella z fíků a ořechů

SLOŽENÍ:
- 2 šálky rýže Calasparra
- 1 cibule, nakrájená nadrobno
- 3 stroužky česneku, nasekané
- 1 šálek čerstvých fíků, nakrájených na čtvrtky
- 1/2 šálku vlašských ořechů, nasekaných
- 1 červená paprika, nakrájená na plátky
- 4 šálky zeleninového vývaru
- 1 lžička sušeného tymiánu
- Špetka šafránových nití
- Sůl a pepř na dochucení
- 1/4 šálku olivového oleje

INSTRUKCE:
a) V pánvi na paellu rozehřejte na středním plameni olivový olej. Přidejte nakrájenou cibuli a česnek; restujeme do změknutí.
b) Vmícháme rýži Calasparra, obalíme v oleji a smícháme s cibulí a česnekem.
c) Přidejte na čtvrtky nakrájené čerstvé fíky, nasekané vlašské ořechy a nakrájenou červenou papriku.
d) Zalijte zeleninovým vývarem a šafránovými nitěmi. Dochutíme sušeným tymiánem, solí a pepřem.
e) Vařte, dokud není rýže téměř hotová. Pánev přikryjeme a necháme dusit, dokud není rýže zcela uvařená.
f) Podávejte horké.

98. Hruška a gorgonzola paella

SLOŽENÍ:
- 2 šálky rýže Arborio
- 1 cibule, nakrájená nadrobno
- 3 stroužky česneku, nasekané
- 2 zralé hrušky, nakrájené na kostičky
- 1/2 šálku sýra Gorgonzola, rozdrobený
- 1 žlutá paprika, nakrájená na kostičky
- 4 šálky zeleninového vývaru
- 1 lžička rozmarýnu
- Špetka šafránových nití
- Sůl a pepř na dochucení
- 1/4 šálku olivového oleje

INSTRUKCE:
a) V pánvi na paellu rozehřejte na středním plameni olivový olej. Přidejte nakrájenou cibuli a česnek; restujeme do změknutí.
b) Vmícháme rýži Arborio, obalíme v oleji a smícháme s cibulí a česnekem.
c) Přidejte na kostičky nakrájené zralé hrušky, rozdrobený sýr Gorgonzola a na kostičky nakrájenou žlutou papriku.
d) Zalijte zeleninovým vývarem a šafránovými nitěmi. Dochuťte rozmarýnem, solí a pepřem.
e) Vařte, dokud není rýže téměř hotová. Pánev přikryjeme a necháme dusit, dokud není rýže zcela uvařená.
f) Podávejte horké.

99. Malina a Brie Paella

SLOŽENÍ:
- 2 šálky rýže Bomba
- 1 cibule, nakrájená nadrobno
- 3 stroužky česneku, nasekané
- 1 šálek čerstvých malin
- 1/2 šálku sýra Brie, nakrájeného na kostičky
- 1 pomerančová paprika, nakrájená na plátky
- 4 šálky zeleninového vývaru
- 1 lžička balzamikového octa
- Špetka šafránových nití
- Sůl a pepř na dochucení
- 1/4 šálku olivového oleje

INSTRUKCE:
a) V pánvi na paellu rozehřejte na středním plameni olivový olej. Přidejte nakrájenou cibuli a česnek; restujeme do změknutí.
b) Vmícháme rýži Bomba, obalíme v oleji a smícháme s cibulí a česnekem.
c) Přidejte čerstvé maliny, na kostičky nakrájený sýr Brie a nakrájenou pomerančovou papriku.
d) Zalijte zeleninovým vývarem a šafránovými nitěmi. Dochutíme balzamikovým octem, solí a pepřem.
e) Vařte, dokud není rýže téměř hotová. Pánev přikryjeme a necháme dusit, dokud není rýže zcela uvařená.
f) Podávejte horké.

100. Paella z kiwi a makadamových ořechů

SLOŽENÍ:
- 2 šálky rýže Calasparra
- 1 cibule, nakrájená nadrobno
- 3 stroužky česneku, nasekané
- 2 kiwi, oloupané a nakrájené na kostičky
- 1/2 šálku makadamových ořechů, nasekaných
- 1 zelená paprika, nakrájená na kostičky
- 4 šálky zeleninového vývaru
- 1 lžička limetkové kůry
- Špetka šafránových nití
- Sůl a pepř na dochucení
- 1/4 šálku olivového oleje

INSTRUKCE:
a) V pánvi na paellu rozehřejte na středním plameni olivový olej. Přidejte nakrájenou cibuli a česnek; restujeme do změknutí.
b) Vmícháme rýži Calasparra, obalíme v oleji a smícháme s cibulí a česnekem.
c) Přidejte nakrájené kiwi, nasekané makadamové ořechy a nakrájenou zelenou papriku.
d) Zalijte zeleninovým vývarem a šafránovými nitěmi. Dochuťte limetkovou kůrou, solí a pepřem.
e) Vařte, dokud není rýže téměř hotová. Pánev přikryjeme a necháme dusit, dokud není rýže zcela uvařená.
f) Podávejte horké.

ZÁVĚR

Když se dostaneme na poslední stránky „Rýže, koření a vše chutné-bible paelly", doufáme, že jste si užili dobrodružství do srdce španělské kulinářské dokonalosti. Ať už jste znovu vytvořili klasické paella nebo experimentovali s inovativními variacemi, věříme, že vaše chuťové pohárky ochutnaly esenci Španělska.

Pamatujte, že paella je víc než jen jídlo; je to oslava kultury, svědectví o radosti ze sdílení a plátno pro vaši kulinářskou kreativitu. Jak budete pokračovat ve svých kulinářských objevech, nechť ve vaší kuchyni přetrvávají chutě Španělska a duch paelly obohatí vaše kuchařské úsilí.

Děkujeme, že jste se k nám připojili na této gastronomické cestě. Ať jsou vaše paella vždy plné rýže, koření a všeho dobrého. Buď prověcho!

www.ingramcontent.com/pod-product-compliance
Lightning Source LLC
Chambersburg PA
CBHW071325110526
44591CB00010B/1032